輝く会社のための

女性活躍推進ハンドブック

女性活躍推進コンサルタント
株式会社CHANCE for ONE代表取締役社長
清水レナ
Shimizu Rena

Discover

まえがき

本書を手にとってくださった皆様、はじめまして。清水レナと申します。ずいぶんと昔の話となってしまいましたが、大学在学中に「女性」と「働く」という研究テーマに出会ったことをきっかけに、「女性活躍推進」という分野に足を踏み入れることになりました。以来、20年超にわたり、女性のキャリアや働き方について提言をし、また企業や大学などで講演や研修などを行っています。２０１２年に株式会社 CHANCE for ONE を立ち上げて以降は、現状の調査分析、計画策定、施策立案から社員の皆さんの教育研修に至るまで、企業の女性活躍推進を支援するさまざまなサービスの提供に日々奮闘しております。

過去、日本においては、１９８０年代の男女差別撤廃を目的とした動き、また、２０００年代の国際競争戦略上必要なダイバーシティを目的とした動きなど、大企業を中心に女性活躍推進のムーブメントが起きてきました。ですから、近年とみに活発になっている女性活躍推進の動きについても、「またか」と思われている方もいらっしゃるかもしれません。

しかしながら、2013年からの女性活躍推進は、**これまでのような単なる企業のイメージアップ戦略などではなく、いわば「企業の生き残り」のための重要な戦略**へと、その意味合いは大きく変わってきています。女性活躍推進をやらないままでは、企業経営において、間違いなく大きなデメリットを被ることになるのです。

確かに企業での女性活躍推進は、企業それぞれの歴史や風土などもあり、一筋縄でうまくいくものではありません。意識、制度、機会、あらゆる方面からの改革が欠かせないので、その実現には大変な時間と労力を必要とします。けれども一方で、女性活躍推進をうまく進めることができれば、経営に与えるメリットも大変大きいのです。

本書は『輝く会社のための女性活躍推進ハンドブック』という書名のとおり、企業における女性活躍推進の進め方についてご紹介しますが、なかでも、ハードルがもっとも高く、企業の方々の戸惑いも大きい、「管理職に占める女性の割合を増やす」という課題に向けた具体的な実践方法を中心にお話ししていきたいと思っています。

本書が、女性社員を抱える企業の皆様、女性部下を一人でも持つ上司の皆様、そして、働く女性の皆さん自身に、女性活躍推進の本当の必要性に気づいていただくきっかけとなり、また、女性活躍推進の成功の一助となりましたら、著者として、これ以上嬉しいことはありません。

２０１５年６月吉日

株式会社 CHANCE for ONE 代表取締役社長　清水レナ

目次

Contents

第2章 「女性活躍推進」の実現が難しかったわけ　37

第3章 企業は何から始めればよいか？

第4章 ケーススタディ あなたの会社の「女性活躍推進」 97

第5章 「女性活躍推進」に向けた人材マネジメント 141

第6章 働き続けたい女性のあなたへ 165

第1章

今、なぜ「女性活躍推進」なのか？

「2030」とは何か？

皆さんは、新聞やテレビのニュースなどで「2030《ニイマルサンマル》」という言葉を聞いたことはありますか？

「社会のあらゆる分野において、2020年までに指導的地位に女性が占める割合を30％にする」という目標。これが「2030」です。

そもそも「2030」は、2003年に内閣府の男女共同参画推進本部で「女性差別撤廃」を目的として定められた目標です。その背景には、国際的な女性の地位向上の気運の高まりがあり、30％という数字も、1990年に国連で採択された、いわゆる「ナイロビ将来戦略勧告」が提示した「1995年までに、指導的地位に占める女性の比率を30％にする」という数値目標が踏襲されています。

この目標達成に向け、さまざまな行動指針が男女共同参画推進本部から発信されました。ただ、各企業に対しての目標設定や罰則などがなかったことから、企業側のモチベーションは低く、特に注目されることもないまま時間だけが経過していた、というのが実情です。「2030」が議論された2003年当時で約9・2%だった「指導的地位」の女性の割合は、2012年になっても約11・1%と、10年近い歳月を経ても2%弱の「超微増」にとどまっていることが、それを如実に表しています。

ところが、目標設定から10年が経過した2013年1月になって、安倍晋三首相が首相就任時に掲げた成長戦略のなかに「女性の活躍推進」が重要項目として盛り込まれました。その内容は、次の3つの分野で構成されています。

①税制や社会保障制度の見直しを行い、**女性の就業率を上げる**
②育児や家事支援の環境の拡充をして、**女性の定着率を上げる**
③企業における女性の登用を促進するための環境整備を行い、**管理職に占める女性の割合を増やす**

このうちの③、つまり、「企業における女性の登用を促進するための環境整備を行い、管理職に占める女性の割合を増やす」ことの具体的な数値目標として、この「２０３０」があらためてクローズアップされることになりました。かつて「女性差別撤廃」を目的として設定されていた「２０３０」は、日本の「成長戦略」としての「２０３０」に意味合いを変え、２０２０年という期限まで5年を切った今、その実現を「本気で」目指す、さまざまな施策が次々と講じられているのです。

この急激な展開には戸惑いの声も多く、企業の女性活躍推進のお手伝いをさせていただいている私のもとにも、女性の管理職率を向上させたいという企業からの相談が激増しています。

「２０３０」実現に向けた急ピッチな展開

２０１４年４月、「上場企業は積極的に女性を役員・管理職に登用すること」「役員のうち１人は女性を登用すること」などが安倍首相から経済３団体に要請されました。大企業には６年後の「２０３０」達成に向けて大至急の取り組みが求められたというわけです。

それを受け、経団連は即座に企業における女性の活躍推進を、「継続就労」のみならず、「役員・管理職登用」、つまり、「昇進」という側面でも加速化させる「女性活躍アクション・プラン」を提言しました。その結果、

- トヨタ自動車…女性管理職を2020年までに3倍の300人
- 日立製作所……2020年までに女性管理職を2・5倍の1000人
- 資生堂…………2016年度までに国内の女性リーダー比率30％
- 積水ハウス……2020年までに女性管理職率5％（200人）
- 清水建設………女性管理職を2019年までに2014年の人数（19人）から倍増
- 三井物産………女性管理職67人を2015年に倍増、2020年までに3倍以上

といった、経団連会員企業による**「女性の役員・管理職登用に関する自主行動計画」**の発表が相次ぐことになったのです。

2014年8月には、内閣府男女共同参画局から各省庁に対し、公共工事などの一般競争入札にあたっては、積極的に女性活躍推進に取り組んでいるか否かも入札の際

の評価対象とするという指針が示されました。平たくいえば、女性活躍推進に積極的な企業ほど、公共調達における受注において有利になる、ということです。

同じ年の10月には、通称**「女性活躍推進法」**も閣議決定され、今後社員301人以上の企業には、採用比率や管理職に占める女性の割合などの数値目標と、行動計画の策定や公表が義務づけられる見通しです（300人以下の企業においては努力目標）。女性活躍推進への取り組みの現状が投資家や消費者にも公開されることで、企業の意識をそこに向けさせるのがその狙いでしょう。

また、経済産業省は、東京証券取引所と共同で、2012年度より女性活躍推進に優れた上場企業を**「なでしこ銘柄」**として選定し、発表していますが、これは「中長期の企業価値向上」を重視する投資家に対し、女性が活躍している企業が「魅力ある銘柄」としてアピールされ、そこへの投資が促されることを狙ったものです。2014年度はその選定基準において、「女性管理職比率」と「女性役員比率」がもっとも重視されました。これが2015年度以降も続けば、多くの女性管理職や役員が誕生することが期待できます。

さらに金融商品取引法においては、**2015年3月31日以後に終了する事業年度からは有価証券報告書に役員の男女別人数および役員に占める女性比率を記載することを義務づける**内容の改正がなされ、経営に女性が参画しているか、また、どの程度参画しているかが、投資家の目にさらされることとなりました。

米国では女性役員が3人以上いる企業のほうが、女性役員ゼロの企業より経営指標（ROS／ROIC／ROE）が1・5～1・8倍よいという調査結果もあり、今後は日本でも投資対象の指標として、女性の役員数・比率が注目されることが予測されます。

わが国に女性活躍推進が必要な理由

このように、今や各企業には「2030」に向けた「待ったなしの取り組み」が求められているわけですが、そもそもなぜ、安倍首相は「女性活躍推進」を成長戦略の中核をなすテーマとして挙げたのでしょうか？

その背景には、日本の労働力が減少の一途をたどっているという問題があります。
内閣府発表の平成26（２０１４）年版高齢社会白書によると、日本の人口は２０１０年に約１億２８００万人でピークを迎えましたが、その後は減少に転じており、２０６０年には８６００万人、つまり現在の人口の７割程度になると見られています。また、２０１０年は１０７万人だった出生数は、２０６０年には48万人と、半分以下まで落ち込むといわれています。

少子化とともに、高齢化も進行しています。すでに日本は２００７年に、65歳以上の高齢者が人口に占める割合を示す高齢化率が21%を超え、超高齢社会となっていますが、２０１３年の高齢化率は25%に達し、人口の４人に１人が高齢者となりました。２０６０年には、総人口の39・９%、つまり、人口の２・５人に１人が高齢者になると推計されています。

人口の減少と高齢化が進めば、当然の結果として、労働力は減少します。
労働力の指標である生産年齢人口とは15〜64歳までの人口を指しますが、前出の高齢社会白書によれば、２０１３年時点の生産年齢人口は約７９００万人、総人口に占める割合は62・1％です。それが2060年にはなんと約4400万人程度まで減ると予測されていて、労働力になりうる人口は、現在の半分程度まで激減することになるのです。

超高齢社会においては、社会保障制度の整備が欠かせませんが、そこには大きな財源が必要です。ところが、同時に生産年齢人口も減ってしまうので、国民1人あたりが負担すべき税金や社会保険料も今後右肩上がりに増えていくことが予想されます。1人あたりの高齢者を支える生産年齢人口は、1950年には12・1人であったのに対し、2012年には2・6人に激減していて、2060年にはさらに1・3人にまで減少すると予測されていますので、これは相当に深刻な状況です。

そんな状況下では、もはや従来のように男性が中心となって働くという仕組みでは、とても太刀打ちできません。

OECD（経済協力開発機構）の「雇用アウトルック2014」によると、日本女性25〜54歳の就業率は約70・8％となっており、逆にいえば、女性の約29・2％は未就労ということです。つまりこの**29・2％の女性たちをいかに活用するかが、貴重な労働力確保の大きな鍵になっているの**です。所得税の配偶者控除制度や公的年金の第3号被保険者制度など、これまでの主として男性が働くことを前提に整備された制度の見直しについての議論が始まっている理由もそこにあります。

女性の就業率が上がればGDPも上がる！

平成26（2014）年版男女共同参画白書によると、日本における女性の潜在労働力は315万人にのぼり、その人々が働くことにより増加する雇用者報酬総額は約7兆円相当となることがわかっています。これはGDPに置き換えると約1・5％の伸びになり、低下しつつあるわが国の国際競争力を高めるうえで、決して無視できない数字です。

同様の指摘は海外からもなされていて、2011年にはアメリカのヒラリー・クリントン前国務長官が「日本の女性就業率が男性並みに上昇すればGDPは16％上昇するだろう」と発言していますし、IMF（国際通貨基金）のラガルド専務理事も「日本の女性労働率がイタリアを除く、他のG7並みになれば、1人あたりのGDPが4％上昇し、北欧並みになれば8％上昇するだろう」といった試算を発表しています。

これらの数字は、女性の活躍をどれだけ推進できるかによってわが国の未来予想図が大きく変わることを物語っています。女性活躍推進が前提とならないかぎり、わが国の未来は描くことさえできないといっても過言ではないでしょう。だからこそ、女性活躍推進は成長戦略において決して欠かすことができないテーマなのです。

生き残り戦略としての女性活躍推進

働き手を失えば、企業はその活動を続けることができません。つまり、労働力不足の問題は、当然ながら各企業にとっても看過できない重大な問題であり、かつ、切迫した、まさに、今そこにある危機だといえます。

理論上はわかっていたはずの労働力不足の問題は、日本経済が長くデフレ状態にあったがゆえに、あまり顕在化することはありませんでした。しかしながら、これまで男性主体で成り立ってきた業界においては人手不足の状況はすでに深刻になっていて、経営にも支障をきたしはじめています。

例えば、建設業界では、東日本大震災の復興特需や２０２０年の東京オリンピックに向けたインフラ整備などにより需要が増しているにもかかわらず、人材を確保することができないという大問題に直面しています。その影響は建設投資を必要としている企業にも及び、出店計画の見直しや白紙化などの必要に迫られるケースも珍しくありません。

また、運輸、特に、トラック運輸の業界においての人材不足は深刻で、いくら給与を上げても人が集まらず需要に応えることができないということが起きています。飲食業界、特に深夜営業の業態においても、時給を上げても人が集まらず店舗経営が維持できない、というニュースを最近よく耳にするようになってきました。

労働力人口そのものが減っていくのですから、このような事態は今後、業種や職種を問わずに、頻発することは間違いありません。中小企業の経営者の方からは、「女性活躍に取り組む余裕なんてない」「女性活躍推進なんてゆとりのある大企業がやることで、うちには関係ない」といった声がいまだに聞かれますが、**大企業と比較して採用費も人件費も限られる中小企業のほうが、今後の人材不足の問題はむしろ深刻で**あるはずです。

自社のブランド力の向上や、グローバル化に向けた戦略のひとつとして、大企業が女性の活躍推進を掲げた時代はすでに終わっています。その規模にかかわらず、女性活躍推進の取り組みをいち早く始めた企業だけが、今後ますます深刻化する人材枯渇の時代を生き残る――そんな時代がもう始まっているのです。

「2030」が女性活躍推進につながるわけ

労働力の確保が目的ならば、女性の管理職率というのは直接関係ないのではないか。単に女性の就業率そのものを上げることに注力すればよいのではないかと考える方もいるかもしれません。けれどもじつは、「2030」を推し進めることは、結果的に、全ての女性の活躍を後押しすることにつながるのです。

「2030」は、企業においては、管理職に占める女性の割合を2020年までに30%にする目標ですが、日本では、そもそも「正社員」かつ、管理職登用の前提条件である「総合職」の女性が極端に少ない企業がほとんど、というのが現状です。

しかも大企業では、管理職に登用される年齢は35〜45歳くらいが一般的であり、加えて、複数の部署に配属された経験を有していることが必須条件とされているケースも多々あります。つまり、これから新卒の女性正規社員を総合職として大量に採用したとしても、管理職率が上がるまでにはかなりの時間を要します。

そこで、検討されるのが中途採用です。内部での育成や登用では間に合わない企業を中心に、管理職経験者や管理職候補となる女性の奪い合いは、今後ますます激しくなるだろうと考えられます。

また、女性社員から役員登用するためには、事業部長や部長などの上級管理職のなかにすでに女性がいることが前提になります。しかしながら、日本の企業においては女性管理職の比率でさえ11%程度しかないため、役員候補者となるとさらに層が薄くなるのが現状です。

事実、２０１５年版の役員四季報（東洋経済新報社）によると、**日本では、全上場企業の役員に占める女性比率はわずか２・１％、人数は８１６人**に留まっています。経営スキルのある女性は非常に数少ない、貴重な存在なのです。仮に日本の上場企業各社で1人以上の女性役員をおくことになると、約3600人の女性が必要となりますから、全く人数が足りていないわけです。すると必然的に、ごく少数しかいない女性役員経験者に役員のオファーが集中することが考えられます。

このように、日本では、自社の社員を管理職に登用することがままならないからといって、外部の人材を獲得しようにも、対象となる正社員かつ総合職の女性がそもそも少なく、また、役員候補となる管理職の女性はさらに少ないという実態があります。世の中にその人材が不足しているわけですから、採りたくても簡単には採れないのです。そのような状況下で他社との採用競争に勝ち抜くためには、莫大なコストを要することを覚悟しなくてはなりませんし、仮に獲得できたとしても、一時的な解決にしかなりません。

では、確実に女性の管理職率を高めるために必要なことは、いったいなんなのでしょうか？　それは、**自社から恒常的に一定数の女性管理職を育成すること、つまり、女性も管理職候補として積極的に採用し、本気で育成すること**です。

ただし、管理職に育成し登用するためには、その前提として、まずは、家事や育児などによる制約を抱えていても、その能力を十分に発揮できるような環境や制度・仕組みを整え、女性社員の定着率を高めることが必要です。つまり「2030」は、すべての女性の活躍が推進されてこそ、実現されるものなのです。

「2030」は、表面的には、女性の管理職率に限定した目標です。ただし、その実現を目指す過程では女性の活躍を後押しする、さまざまな副産物が生まれます。つまり、「2030」はすべての女性の活躍を推進するための効果的な起爆剤になりうると言えるでしょう。

企業での女性活躍推進はすでに始まっている

政府からの女性活躍推進の施策がますます強化される可能性が見込まれるなか、すでに、大手企業を中心に、女性の登用、採用に関する新たな動きが始まっています。

前述のとおり、2015年4月以降は、有価証券報告書等にも役員に占める女性比率を記載することが義務づけられました。それに先立ち、大手企業ではすでに経営陣に女性を登用する動きが活発化しています。

前述の役員四季報によると、２０１４年には１２５名が役員に選任され、例年にない増加数となりました。例えば、野村信託銀行に銀行初の女性社長が就任して話題になり、大和証券グループ本社でも女性が初めて取締役に就任するなど、金融業界での女性幹部登用の動きが強まっています。伊藤忠商事でも総合商社初となる女性執行役員が誕生するなど、こうした女性管理職を役員に引き上げる動きは、ソニー、日本生命、ＩＨＩ、住友化学などでも相次いでいます。

また日本経済新聞の記事によると、ローソンでは２０１４年度の中途採用に占める女性の割合が20～30％になり、２０１２年度の14％弱から大きく増加しました。ＪＦＥエンジニアリングでは、２０１５年度には15人程度の女性管理職候補を中途採用する方針で、これは2年前の5倍にあたります。

さらに、いったん退職してしまった女性を再び迎え入れる制度を取り入れる企業も増えています。

例えば、りそな銀行では、結婚、出産、育児などの理由により退職した社員を、積極的に再雇用する仕組みをつくりました。また、全国の地方銀行が連携して、配偶者の転勤などで転居が必要になった行員に対し、転居先にある地銀への再就職の斡旋や、転居先から戻ったら元の地銀に復職ができるような取り組みも始まっているようです。

なんらかの制約によってキャリアを中断せざるを得なかった女性が、以前の職場へ好条件で戻ることが当たり前になれば、女性の就業率は格段にアップするでしょう。さらに、高学歴の女性ほど再就業が進んでいない（総務省「平成14年就業構造基本調査」）という実態を覆し、以前のキャリアを無駄にせずにリスタートする女性が増えれば、女性管理職率が大きく伸びることも期待できます。

また、パート社員の女性を正規社員に引き上げる制度を導入する動きも活発化してきました。

例えば、ファーストリテイリングでは、国内店舗のパートやアルバイト1万6000人を正規社員化すると発表しました。三菱東京UFJ銀行では、窓口業務など主に女性が担う約1万2000人の契約社員を正規社員と同じ労働組合に入れるようにし、今後、新たに銀行と雇用契約を結ぶ人は全員が組合員になれると発表しています。

新卒での女性採用数の目標を掲げ公表する会社も増加傾向にあります。

例えば、みずほ銀行では、基幹職における新卒採用の女性比率を30％にすることを発表しています。旭硝子では、新卒採用における総合職の女性比率は２０１０年の時点で10％でしたが、２０１１年から「女性比率20％以上」を目標に掲げ、２０１３年には30％を達成しました。トッパン・フォームズでは、新卒採用の男女比率を50対50にすることを目標に掲げ、２０１３年には44％、２０１４年には36％を達成しました。

また、製造業における専門職・技術職の女性比率は１割も満たないことから、理工系女性人材の活躍推進は政府・産業挙げての重点項目にもおかれています。一方で、工学を専攻する学生のうち、女子の割合はそもそも12・３％と極めて低いことから、各社において女子学生だけを対象とした就職説明会が開催されるなど、採用活動が過熱しているようです。最近では、日産自動車、日立製作所、三菱重工などの大手メーカーで、理工系女子学生限定の就職セミナーが開催されています。

このように、女性活躍推進の実現に向けた取り組みは、具体的な数値目標が課せられている大企業を中心に、今後ますます活発になることが予想されます。

女性管理職率30%の意味

ところで、「2030」はなぜ、女性管理職率30%を目指しているのでしょうか？

女性管理職率の目標設定を議論した男女共同参画会議基本問題専門調査会の議事録によれば、2003年時点の状況を鑑み、「20%でもよいのではないか？」という意見も出ていたようです。結果的には、ナイロビ将来戦略勧告で打ち出された「30%」という数字を踏襲することになったのですが、一説によると「30%」にこだわった背景のひとつに、ハーバード大学ビジネススクールのロザベス・モス・カンター教授から端を発したとされる「黄金の3割理論」があったのではないかといわれています。

これは、「少数派が構成人数の30％を超えると組織の意思決定に影響力を持つようになる」という理論です。つまり、２０３０が実現すれば、企業の意思決定において女性が影響力を持つようになり、その声が十分に反映されるようになれば、結果として全ての女性の活躍がより推進される――。「２０３０」の実現が、女性の活躍推進を可能にすると考えられる根拠はそこにもあるのです。

なお、「２０２０年」という期限については、２００３年当時の９・２％という実態から鑑みると、30％までに引き上げるために必要な期間として、２０１０年ではあまりにも非現実的だという意見が大半であったため、「２０２０年」というキリのよい数字が選ばれたようです。ちなみに、「２０２０年」といえば、今や東京オリンピック開催年というイメージが強いのですが、東京オリンピックの開催決定は「２０３０」が定められた２００３年から10年を経た後の２０１３年ですから、これは単なる偶然の一致です。とはいえ、オリンピックイヤーをあらゆる意味で「活気ある日本」で迎えるためには、「２０３０」の実現は欠かせないと思います。

女性活躍推進が少子化解消になる？

ところで、人口の減少とそれにともなう労働力の減少が問題ならば、出生率を上昇させることを優先させるべきではないか。そのためには女性はむしろ就労しないほうがよいのではないかと思う方もいらっしゃるかもしれません。

けれども、女性の就業率が高いことが、必ずしも、低い出生率の原因になっているわけではないようです。

ＯＥＣＤが発表している最新のデータを基に、25〜54歳の女性就業率（雇用／人口）と合計特殊出生率（一人の女性が生涯に産む子どもの数）の関係性を示したのが、図1−1です。これを見ると、女性就業率、出生率がともに低い（女性就業率70・8％、出生率1・41％）という日本の実態とともに、世界には女性の就業率が高く、かつ出生率も高い国がたくさんあることがよくわかります。

女性の就業率の高さと出生率の高さが同時に実現できるというのは、意外に感じら

図1-1　女性の就業率と出生率の関係性

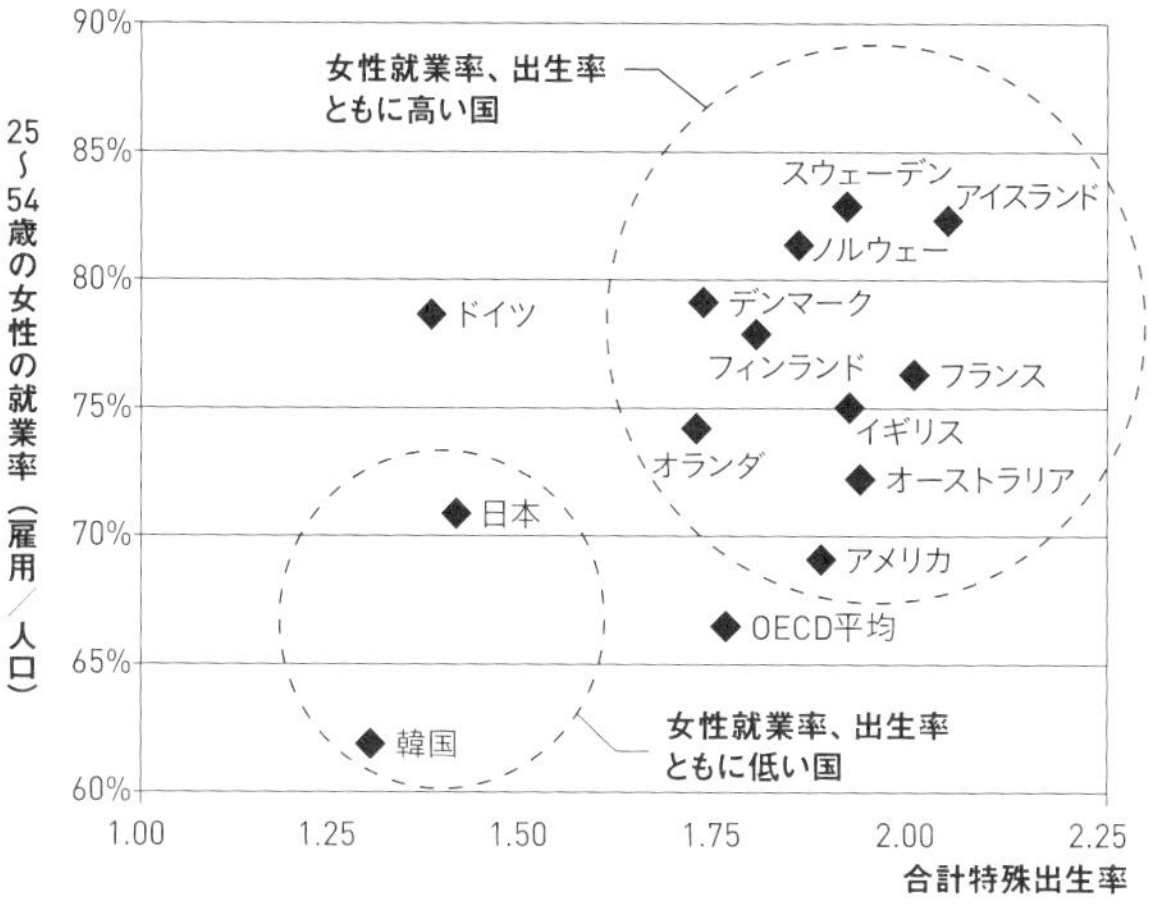

れるかもしれません。しかし、子育てには多額の費用を必要としますので、女性が経済的に自立していることで、出産を踏みとどまらせる要素が少なくなるというのは、じつは理にかなっているのかもしれません。女性の活躍を推進することが、女性自身が働き手として労働市場に参入することを可能にするのみならず、将来の働き手となる子どもを増やすことにもつながるのであれば、まさに一石二鳥だといえるでしょう。

内閣府が発表した平成26（2014）年版少子化社会対策白書の「家族と地域における子育てに関する意識調

査」の結果を見ると、今後、子どもを持つ場合に必要な条件として半数以上の女性が挙げ、第1位となっているのは、「働きながら子育てができる職場環境であること」です。

女性活躍推進は、単に女性の就業率を上げればよいという話ではなく、働きながら子を産み育てられるようにするための環境整備も欠かすことはできません。今回の政府の施策でも、育児や家事支援などの環境の拡充も併せて推し進められようとしています。

女性管理職率を高める風土がもたらすもの

さまざまな制約を抱えていても、その能力を十分に発揮できるよう環境や制度・仕組みを整えること。すなわち、企業においてすべての女性の活躍が推進されることが、女性管理職率を高める前提として必要であると、先に述べました。そして、じつは、女性管理職率を高める風土は、男性にとってもメリットがある風土でもあります。

超高齢社会の到来にともない、企業においては介護離職の問題が広がりつつあります。

2012年に厚生労働省が作成した資料によると、家族や親族の介護を理由に退職した人は年間約10万人に達しています。また、介護をしながら働いている人は約240万人にものぼっています。

団塊の世代（1947〜49年頃生まれ）はまもなく70代に入り、団塊ジュニア世代（1971〜74年頃生まれ）にとって介護問題は決して他人事ではなく、いつ起きてもおかしくない、身近な問題となるでしょう。介護を理由に退職する社員、あるいは会社勤めをしながら介護に多くの時間を割かれる社員の割合は、今後さらに増加することが予想されます。

出産や育児は物理的にも女性に負担が偏りがちですが、介護の場合は、男性が当事者になるケースも少なくありません。2011年の総務省の調査によると、家族の介護をしている人のうち男性が占める割合は、1991年には約32％でしたが、2011年には約40％と上昇傾向にあります。

多くの人が介護問題に直面するのは、40〜50代の、企業においては管理職となり、重要な仕事を任され活躍するであろう時期と重なります。それは実際のデータにもよくあらわれていて、三菱UFJリサーチ＆コンサルティングの「仕事と介護の両立支援に関する調査」によれば、介護を担っている就業者の役職は、主任・課長補佐・係長クラス20・1%、課長クラス11・2%、部長クラス6・8%、役員クラス5・8%と、約4割が役職に就いているのです。

すでに一部の企業では、有能な社員が介護を理由として離職する、あるいは管理職の任命や転勤辞令を拒否せざるを得ないということが起きており、超高齢社会の日本では今後、このようなケースは珍しくなくなると予想されます。

けれども、出産や育児といった制約のなかでも女性がその力を存分に発揮し、その意欲と実力次第で管理職に登用され、そして活躍できるようになる制度や仕組みがきちんと整っていれば、それは、介護という制約を背負った男性にも十分に応用することができます。そうすれば、有能な社員が不本意な形でキャリアを終えるという、企業にとっても、社員にとっても不幸な事態を避けることができるはずです。

人材枯渇が目前の今、すべての企業にとって必要なのは、すべての人が、それぞれが抱えるさまざまな制約の中で、自分らしく活躍できる、そんな環境を整えていくことです。

そして、その第一歩がまさに、「2030」実現に向けた取り組みがもたらす、「女性活躍推進」なのだといえるでしょう。

第2章

「女性活躍推進」の実現が難しかったわけ

男女格差指数世界104位

各国の社会進出における男女格差を示す指標のひとつに、ジェンダーギャップ指数というものがあります。国際的な非営利財団の世界経済フォーラム（WEF）が毎年発表するこの指数は、経済・教育・健康・政治の4分野のデータに基づいて算出され、ポイントが高いほど男女格差が少ないことを意味しています。

図2-1は、2014年発表の各国の指数とランキングです。ヨーロッパ諸国が軒並み上位を占めているのは一目瞭然で、1位はアイスランドです。アイスランドでは2000年に制定された「女性と男性の地位平等及び同権に関する法律」によって政策策定のあらゆる分野において男女平等であることが定められ、男女平等に取り組むことは政府機関の義務と規定されています。その結果、経済と政治のスコアが他国と比べ非常に高く、ジェンダーギャップ指数第1位の座を6年連続して獲得しています。

一方、アジア太平洋諸国は下位に甘んじ、上位10位以内に入っているのは9位のフィリピンのみです。

そして肝心の日本はというと、調査対象142カ国中104位で、G7（先進7カ国）

図2-1 **男女格差指数**（ジェンダーギャップ）
ランキング国別順位（2014年）

順位	国名	総合スコア	経済	教育	健康	政治
1	アイスランド	0.8594	0.8169	1.0000	0.9654	0.6554
2	フィンランド	0.8453	0.7859	1.0000	0.9789	0.6162
3	ノルウェー	0.8374	0.8357	1.0000	0.9695	0.5444
4	スウェーデン	0.8165	0.7989	0.9974	0.9694	0.5005
5	デンマーク	0.8025	0.8053	1.0000	0.9741	0.4306
6	ニカラグア	0.7894	0.6347	0.9996	0.9796	0.5439
7	ルワンダ	0.7854	0.7698	0.9289	0.9667	0.4762
8	アイルランド	0.7850	0.7543	0.9979	0.9739	0.4140
9	フィリピン	0.7814	0.7780	1.0000	0.9796	0.3682
10	ベルギー	0.7809	0.7577	0.9921	0.9789	0.3948
14	オランダ	0.7730	0.7106	1.0000	0.9699	0.4116
16	フランス	0.7588	0.7036	1.0000	0.9796	0.3520
19	カナダ	0.7464	0.7928	1.0000	0.9694	0.2233
20	アメリカ	0.7463	0.8276	0.9980	0.9747	0.1847
24	オーストラリア	0.7409	0.8010	1.0000	0.9737	0.1887
26	イギリス	0.7383	0.7140	0.9996	0.9699	0.2698
87	中国	0.6830	0.6555	0.9855	0.9404	0.1506
104	日本	0.6584	0.6182	0.9781	0.9791	0.0583

総合スコアは以下の４つで構成されている。

1.『経済指標』
Economic Participation and Opportunity（経済活動の参加と機会）
給与、参加レベル、および専門職での雇用
2.『教育指標』Educational Attainment（教育）
初等教育や高等・専門教育への就学
3.『健康指標』Health and Survival（健康と生存）
寿命と男女比
4.『政治指標』Political Empowerment（政治への関与）
意思決定機関への参画

図2-2　**男女格差指数（ジェンダーギャップ）ランキング日本の順位の推移**

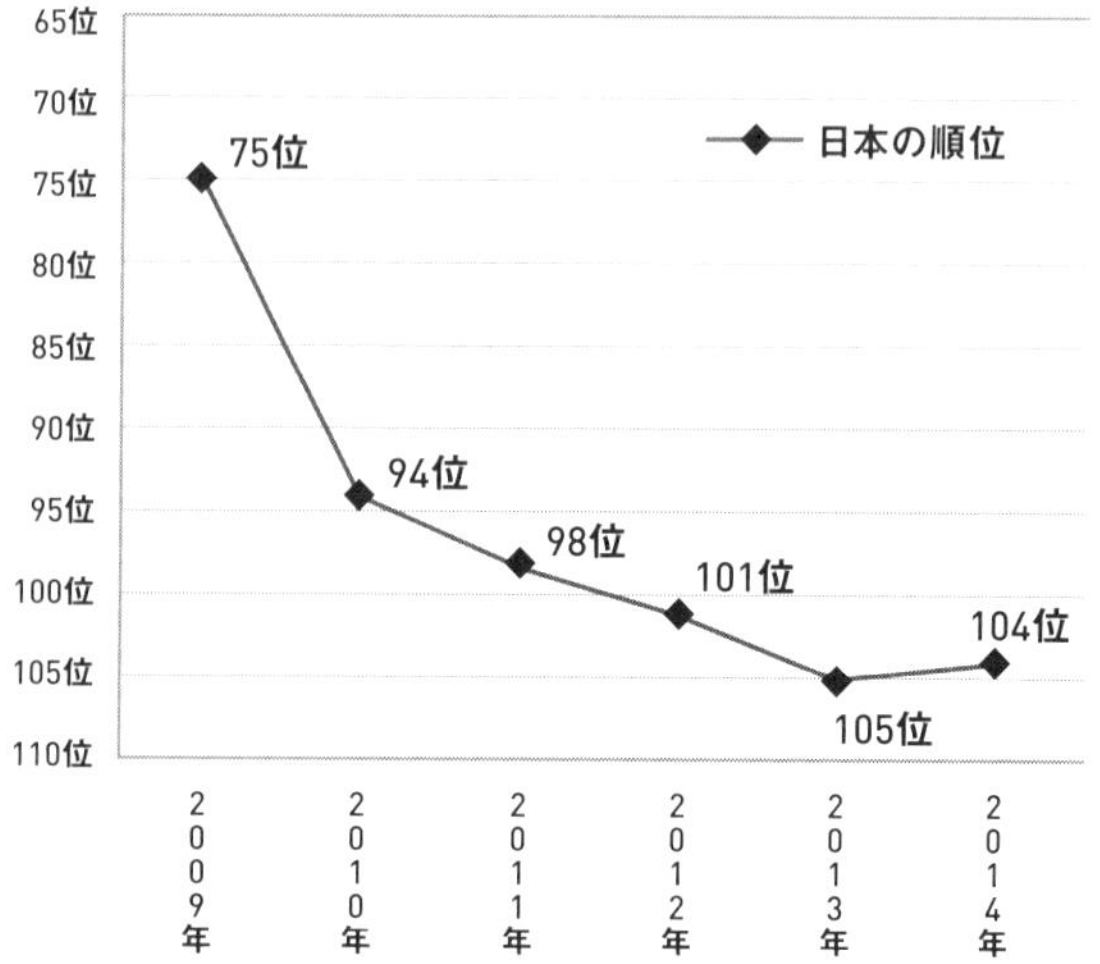

の中では最下位。つまり、**国際的に見て、日本は未だ男女格差が大きい国のひとつ**という結果をつきつけられているのです。しかも、ランキングは年々じりじりと後退し続けていて、2009年の75位から、30位近く順位を下げているという状況にあります（図2－2）。

2014年のデータを詳しく見てみると、経済分野102位、政治分野129位、健康分野37位、教育分野93位となっています。つまり、経済・政治の2分野における順位が特に低いこと

図2-3 就業者に占める女性の比率

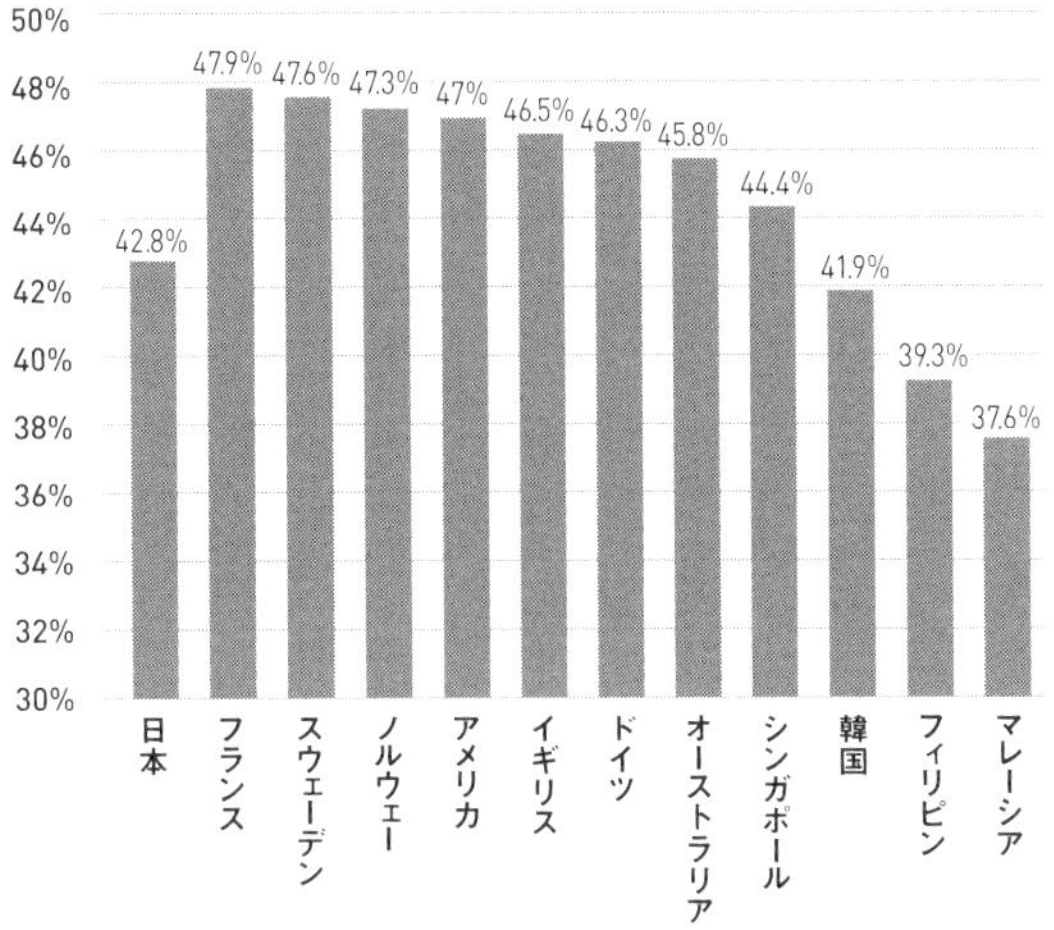

※データについては『データブック国際労働比較2015』(独立行政法人労働政策研究・研修機構)より引用

が全体の足を引っ張っているといえるでしょう。

国際標準から大きく乖離する日本女性の管理職率

第1章でもお伝えしたとおり、日本の女性の25〜54歳の就業率は、2014年時点で約70・8%です。この数字自体は、OECD平均を上回っており、他国から大きく遅れをとっているわけではありません。また、就業者全体に占める女性の割合も、

図2-4　管理的職業従事者に占める女性の比率

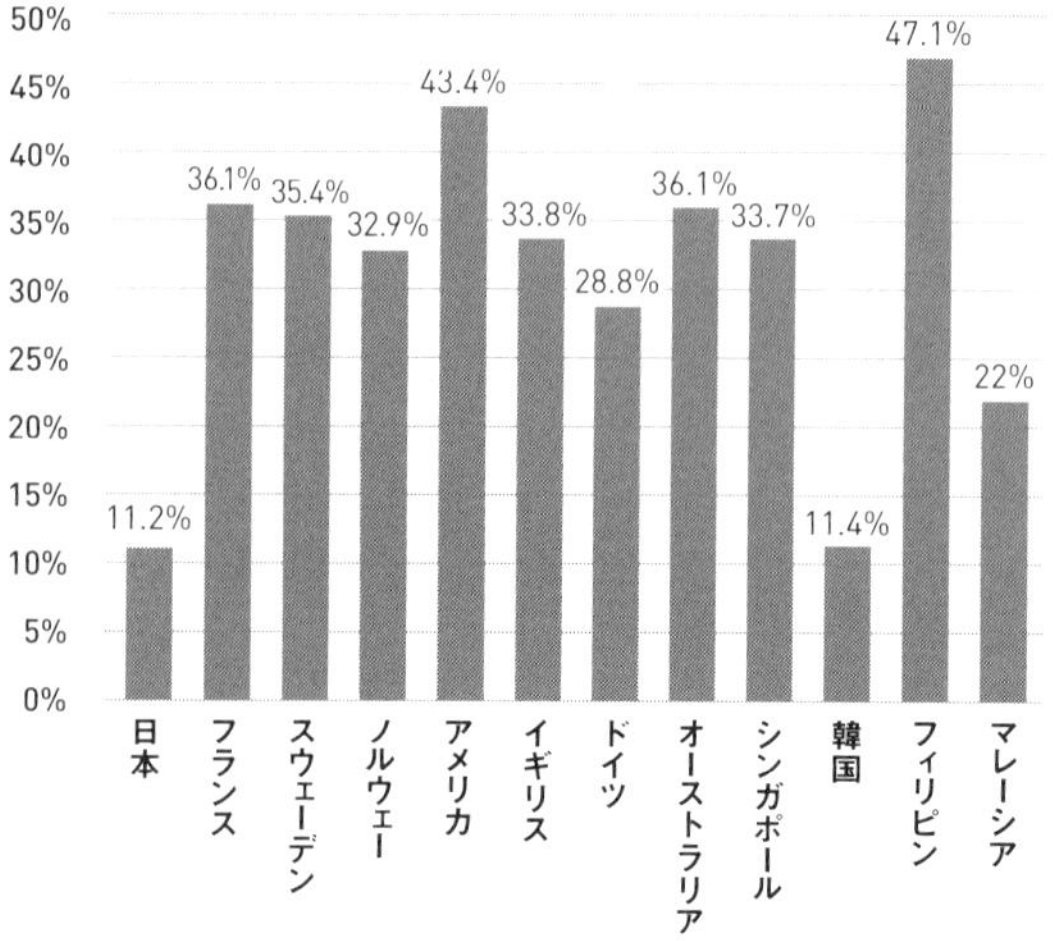

※データについては『データブック国際労働比較2015』（独立行政法人労働政策研究・研修機構）より引用

図2－3を見るとわかるとおり、42・8％（総務省の労働力調査）であり、ジェンダーギャップ指数上位国との差もごくわずかです。

そのような状況下で、経済分野におけるジェンダーギャップ指数が低迷する理由は何なのか――。それこそがまさに、日本女性の管理職率の極端な低さなのです。

図2－4のグラフは「管理的職業従事者に占める女性の比率」を国別に比較したものです。11・2％という日本の数字は、

図2-5　役員に占める女性の比率

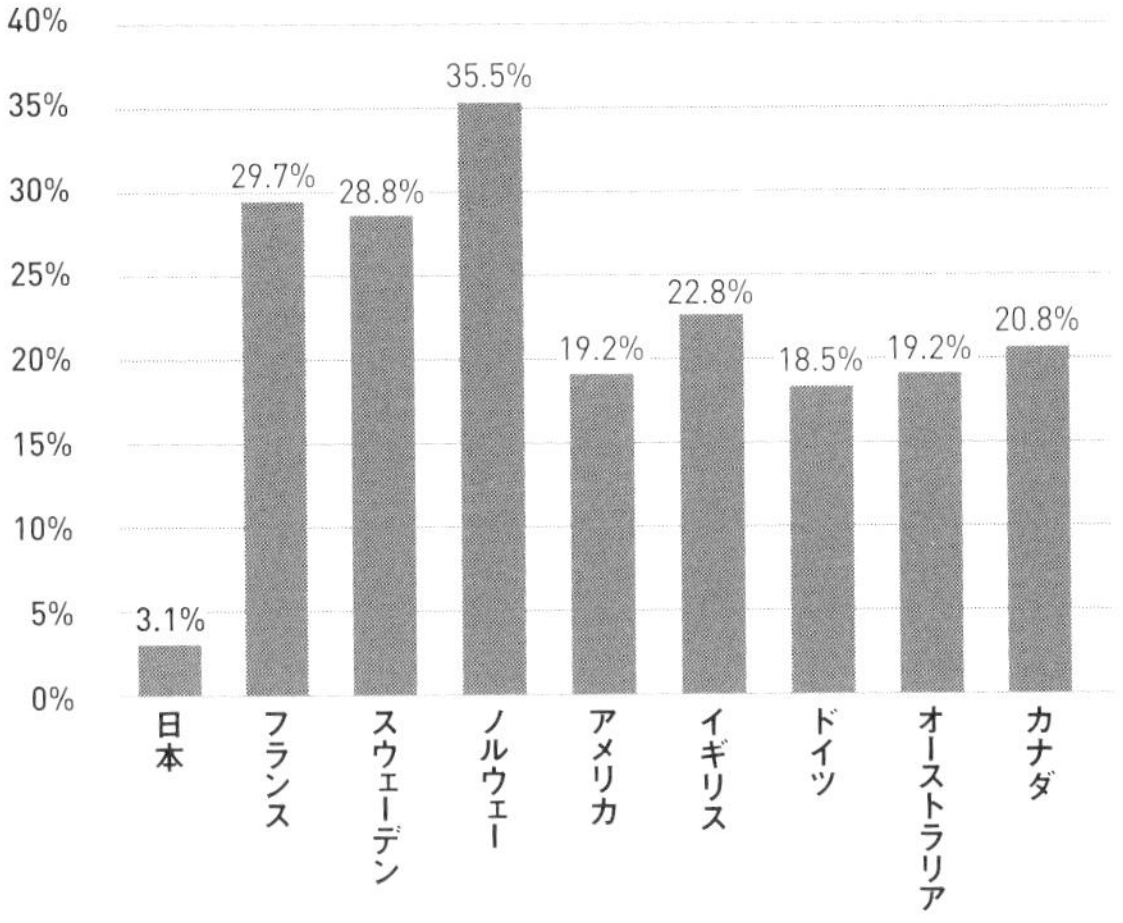

※データについては2014Catalyst Census:Women Board Directors Reportより引用。
（なお、図2-3就業者に占める女性の比率、図2-4管理的職業従事者に占める女性の比率で取り上げた、シンガポール、韓国、フィリピン、マレーシアについては本レポートでは調査データがないため取り上げない）

欧米諸国の30～40％前後と比較して極めて低く、ここに大きな格差があることは明らかです。2014年に経済産業省が発表した「成長戦略としての女性活躍の推進」レポートでは、この数値は先進国の中では最低順位であり、女性が自由に移動することや車を運転することが法律で禁止されているアラブ諸国と同程度だと述べられています。

役員比率となるとその差はさらに広がります。世界でもっとも高いノルウェーは35・5％、北米ではカナダが20・8％、アジア太平洋諸国ではオーストラリアの19・2％がトップとなっており、日本はわずか3・1％でしかありません（図2－5）。

このようにデータを見ても、「女性の管理職率が極めて低い」という日本の状況は、国際標準から大きく外れているというのは、まぎれもない事実なのです。

一方で、女性管理職率が1990年代から30％を超えている欧米では、次のステップ、すなわち、役員比率を上げるということにすでに関心は移っています。**「女性取締役がいる企業のほうが、いない企業に比べて業績がよい」**という認識が広まっていて、取締役会にも性別・国籍・年齢・業務経験などあらゆる面で多様な人材を登用する「意思決定ボードのダイバーシティ」が、重要な経営戦略として実行されているのです。

例えば、イギリスでは、主要100社において「2015年までに取締役会の女性比率25％を実現する」という目標を掲げ、毎年その進捗を確認し公表するという取り組みを通し、「意思決定ボードのダイバーシティ」の加速化を図っています。その結果、2014年には女性取締役の比率は22・6％となっており、過去10年間で12・6％の増加率となっています（The Female FTSE Board Report 2015）。同国ではこの数値目標の達成に向け、女性取締役育成のための研修セミナーの実施、女性取締役候補と経営者をマッチングする機会の提供など、政府と民間企業の協力のもと、様々な取り組みが進められています。

短期間で男女格差を是正させた「クオータ制」

諸外国が女性管理職率30％を早々に達成できた理由はどこにあるのでしょうか？

そこには、**「クオータ制」**という、日本にはない法制度の存在があります。

これは、経済・政治などの各分野における男女比率の偏りを、人数の割当規定と罰則規定によって是正させるものであり、政治分野においてはすでに世界87カ国において導入されています。有識者の間では、社会活動への参加率における男女格差を短期間で解消するために、一定の効果が期待できるという認識が一般的です。

事実、「クオータ制」の発祥国でもあるノルウェーでは、女性の役員登用が急速に進んでいます。2002年には6・8％だった取締役における女性比率は、2010

年には44・2％にまで伸びています（IFC/CWDI 2010 Report:Accelerating Board Diversity）。

女性管理職率第3位のフランスでは、第一次世界大戦後に急激に低下した出生率を回復させるために、政府によるさまざまな家族支援政策が講じられ、婚姻にかかわらず子育てができる制度や、子どもがいる世帯のほうが税制上で優遇される仕組みなどが整えられました。１９９０年代からは、パリテ（男女等価）の考え方のもと、「決定における男女の平等」を法律で定め、公職における男女平等参画が推し進められました。また、近年では、企業の取締役会における各性の最低比率を40％に定める法律の制定等もあり、経済分野での女性の活躍が推し進められています。その他、柔軟な育児休業制度や保育施設の充実など、出産や育児が継続就労の妨げにならない仕組みが整えられた結果、女性が管理職を目指しやすい環境も整ったというわけです。

第5位のスウェーデンは、１９３０年代の世界恐慌の影響による人口の減少の深刻化がきっかけとなり、女性の活躍が進みました。第二次世界大戦後には農業国から工業国への転換を図った結果、民間企業に男性の労働力が投入されたため、主に公的機関において人材不足となり、女性の労働力を確保することが国にとっての死活問題となったのです。

特徴的なのは夫婦共働きを前提とした家族支援です。育児休業期間中に、男女ともに計480日間にわたって支給されるという両親手当はその象徴といえるでしょう。税制や年金制度は個人を単位に設計されており、就労していない専業主婦が優遇される制度ではないため、これも女性の就労意欲の向上に影響していると考えられます。また、子どもを持つことが就業の妨げにならない環境の整備にも積極的で、1歳から就学前の子どもを対象とした就学前教育や12歳までの子どもを対象とする学童保育など、子育て支援策も非常に充実しています。そのため、家庭においても、労働市場においても、男女同一の権利と義務を追求する、という国の方針どおり、女性も管理職を無理なく目指すことができるのです。

第2位のアメリカの場合は、「多様性を尊重することが求められる社会」が、女性の活躍が促進される背景としてあげられます。

制度面にもこの考えは反映されていて、同国の雇用機会均等法では、**「採用や昇進**

に関して、同じ資格を持っているにもかかわらず、マジョリティ（男性や白人）100％に対しマイノリティ（女性や黒人）が80％に達していない場合は、差別の疑いがあるため企業は説明責任を課される」という〝5分の4ルール〟が定められています。クオータ制という法律こそないものの、この〝5分の4ルール〟によって、管理職比率における性別格差にも早くから意識が向けられてきました。その結果が43・4％という高い女性管理職率に表れているのです。

ただ、各国での「クオータ制」に課題がないわけではありません。数値上では高い役員比率を実現しているように見えるものの、実際には1人の女性が複数の企業の社外取締役を兼務しているケースや、設定された割合を達成できない企業が上場廃止に追い込まれるケース等もあり、これほどまでに高い数値目標が義務づけられていることに対して否定的な意見もあるようです。

とはいえ、クオータ制は現在、北欧諸国をはじめ、男女平等を目指す世界各国において、経済、政治、行政、科学技術・学術分野などさまざまな分野で採用されています。日本が「２０３０」の目標設定を掲げているのも、世界の動きに追随したものなのです。

「正社員かつ総合職」の男女比は82対18

ところで女性の就業率においては、高い女性管理職率を達成している諸外国との差がわずかにもかかわらず、日本では、なぜ女性の管理職率が上がらないのでしょうか。そして、「２０３０」の実現は決して簡単ではないとされてきたのはなぜなのでしょうか。「２０３０」実現のための具体的な方法にふれるまえに、まずはその原因を考えることにしましょう。

総務省統計局の労働力調査（年次）によると、２０１４年の日本人の就労状況は、男性が３６２１万人に対し、女性が２７２９万人。就労者における男女の割合は、57対43です。

ところが、自営業者や不詳データを除いたうえで、雇用形態が「正規社員」の人のみを抽出してみると、男女比は69対31という結果になります。つまり、就労者としては全体の4割を占めている女性が、正規社員に限定すると3割そこそこにまで減ってしまうのです。就労者のうち正規雇用として働いている人が男性の場合は78％であるのに対し、女性は、半数にも満たない43％であるゆえの結果であるにほかなりません。

管理職に登用するために必要な要素のひとつは一般的に、「正規社員」であることですから、この時点ですでに、**管理職候補の母数としてカウントされる女性の人数がぐっと絞られている**のです。


さらに、多くの企業では、管理職に登用されるためには、「正規社員」であることに加えて「総合職」であることが必要です。

2013年の独立行政法人労働政策研究・研修機構の「男女正社員のキャリアと両立支援に関する調査結果」を基に弊社が算出したデータでは、男性の正社員のうち、総合職（総合職、限定総合職）として働く人は90％で、総合職以外（一般職、専門職等）として働く人は10％です。一方、女性の場合は、正社員のうち、総合職として働く人は43％で、全体の半数にも達していません。

さきほど抽出した「正規社員」の人数から、さらに「総合職」という要素を満たした人のみを抽出すると、男女比は、82対18とさらに大きく変化します。

この時点ですでに女性の割合は30％を切っているわけですから、「２０３０」の実現がいかに困難なテーマであるかがおわかりになるのではないでしょうか。

「管理職候補」のうち、女性はわずか７％

「正規社員」であり、かつ「総合職」であれば誰でも管理職に登用されるわけではありません。管理職登用においてある意味、もっとも重要となるのが、「昇進意欲」という要素です。

独立行政法人労働政策研究・研修機構による前出の調査結果を基に弊社が算出したデータでは、総合職で働く人のうち「昇進意欲がある人」は、男性では74％にも上るのに対し、女性は27％となりました。ここでも大きな男女差が発生しているのです。

それでは全就労者のうち、「正規社員」かつ「総合職」かつ「昇進意欲あり」という3つの要素を満たした人の男女比を算出するとどうなるでしょうか？

それを示したのが図2－6のチャートです。管理職に登用されるために必要な3つの要素を満たした人の男女比はなんと、93対7という結果になるのです。

同じ年のデータでは実際に管理職における男女比は89対11であるわけですから、そういう意味では、「管理職になる条件を満たした人から管理職に登用される割合は、男女間で大きな差はない」といえます。

しかしながら、繰り返しますが、目標はあくまでも30%です。管理職候補の男女比が93対7のままでは、達成することはほぼ不可能です。つまり、「2030」達成のためにはまず、その前提となる管理職候補になりうる女性を増やすことが必要なのです。

女性の就労者のうち、管理職に登用される条件を満たす人（管理職候補となれる人）の割合が男性並みに増えてはじめて、女性の管理職が増える可能性が生まれるのです。

図2-6 **女性管理職　構成分析チャート**

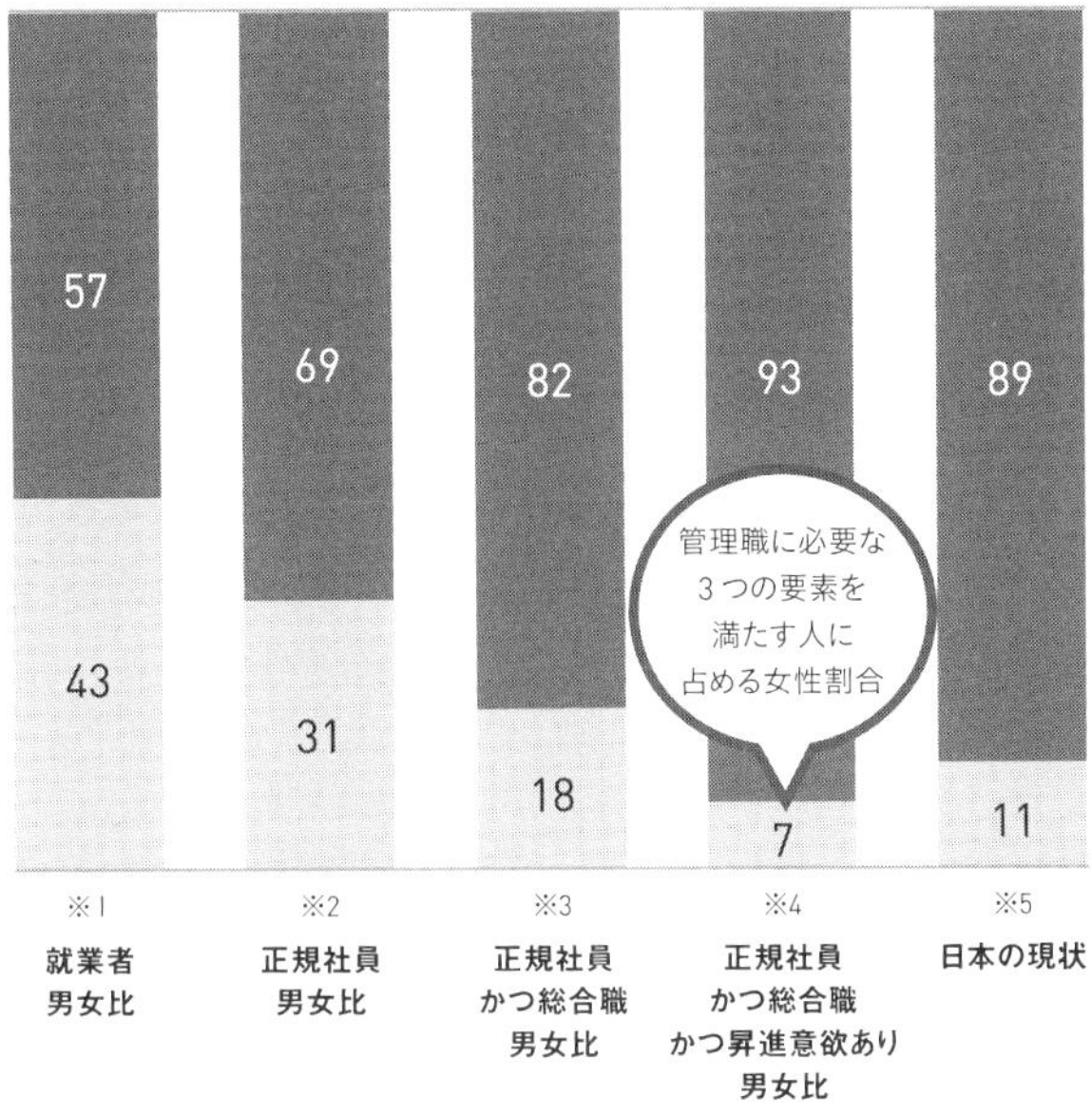

※1/2/5　総務省「労働力調査(基本集計)」(平成26年)データより弊社が作成。

※3　独立行政法人労働政策研究・研修機構2013年3月発表「男女正社員のキャリアと両立支援に関する調査結果」より100人以上の企業を対象とした、コースあり企業の「総合職＋限定総合職」と「一般職」の割合を算出し、※4は総合職の昇進意欲有無の割合を算出のうえ弊社が作成。

※5　管理的職業従事者の割合を採用。「管理的職業従事者」とは就業者のうち会社役員、企業の課長相当職以上、管理的公務員等を指す。企業の管理的職業従事者比率は同年7.5%。

結婚＆出産で「時間的制約」が生まれる女性

女性は男性に比べて「正規社員が少なく」「総合職が少ない」うえに、「昇進意欲のある人が少ない」状況にあります。それはつまり管理職候補自体が少ないことを意味していて、これが「２０３０」実現を阻む大きな壁になっています。

ここでは、女性になぜ「昇進意欲のある人が少ない」のか、その理由を探るために、昇進意欲の有無と時間的制約条件の有無の分布状況を知るための「Ｍ／Ｔマトリクス（Motivation for promotion／Time constraint Matrix）」を使い、男女の違いを見ていくことにしましょう。

Ｍ／Ｔマトリクスでは、横軸に昇進に対する意欲の度合いを示し、「高い」「低い」の２つに分類しています（図２－７）。また縦軸には時間的な制約条件の状況を示し、家事労働や育児などの時間的な制約条件がない場合は（無）、ある場合は（有）の２つに分類します。

昇進に対する意欲が高い人のうち、時間的な制約がない人は「高（無）」、時間的な制約がある人は「高（有）」のセグメントに属し、時間的な制約はないけれども意欲

図2-7 M／Tマトリクス
(Motivation for promotion／Time constraint Matrix)

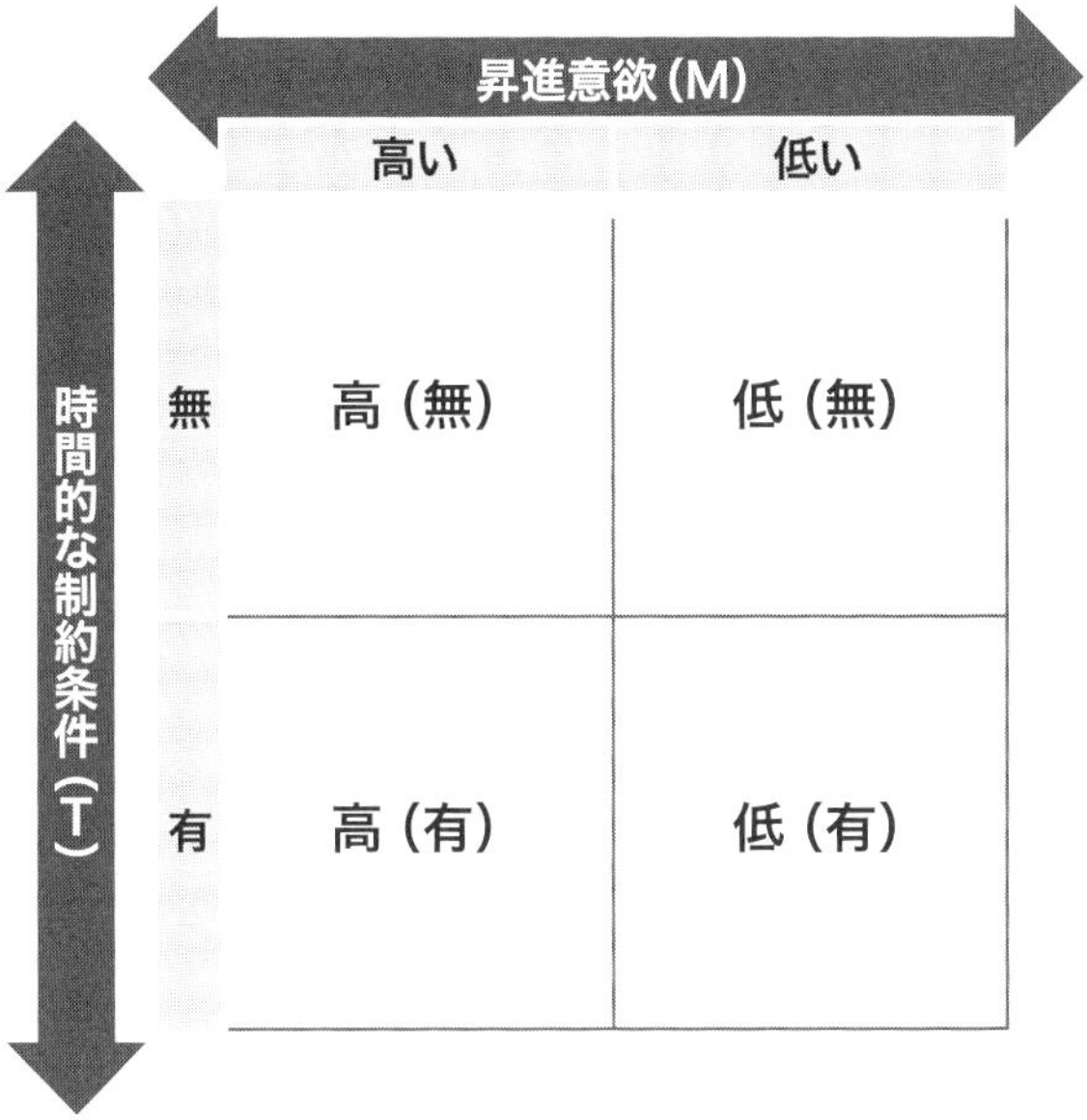

が低い人は「低（無）」、時間的な制約があり意欲も低い人は「低（有）」のセグメントに属します。働き続けることの難易度や管理職になるための阻害要因は、その人がどのセグメントに属しているかによって違ってきます。

まずは図2－8の「総合職：新卒入社時（20代）における男女の分布」から見ていきましょう。

男性の大半は、「高（無）」のセグメントに属しています。また総合職で働く女性も、この時点では昇進への意欲が高い人が大半です。また、エリア総合職を選択して入社した女性は、その目的は転勤を避けるためであることがほとんどなので、仕事に対する意欲自体が低いということでは決してありません。さらに、新卒入社時は、年齢的にも独身で、かつ子どもがいないケースが大半ですから、ほぼ全員が時間的な制約条件はありません。その結果、女性の場合も、ボリュームゾーンは「高（無）」になります。

次に図2－9の「総合職：管理職適正年齢（35〜45歳）における男女の分布」を見てください。

図2-8 総合職：新卒入社時（20代）における男女の分布

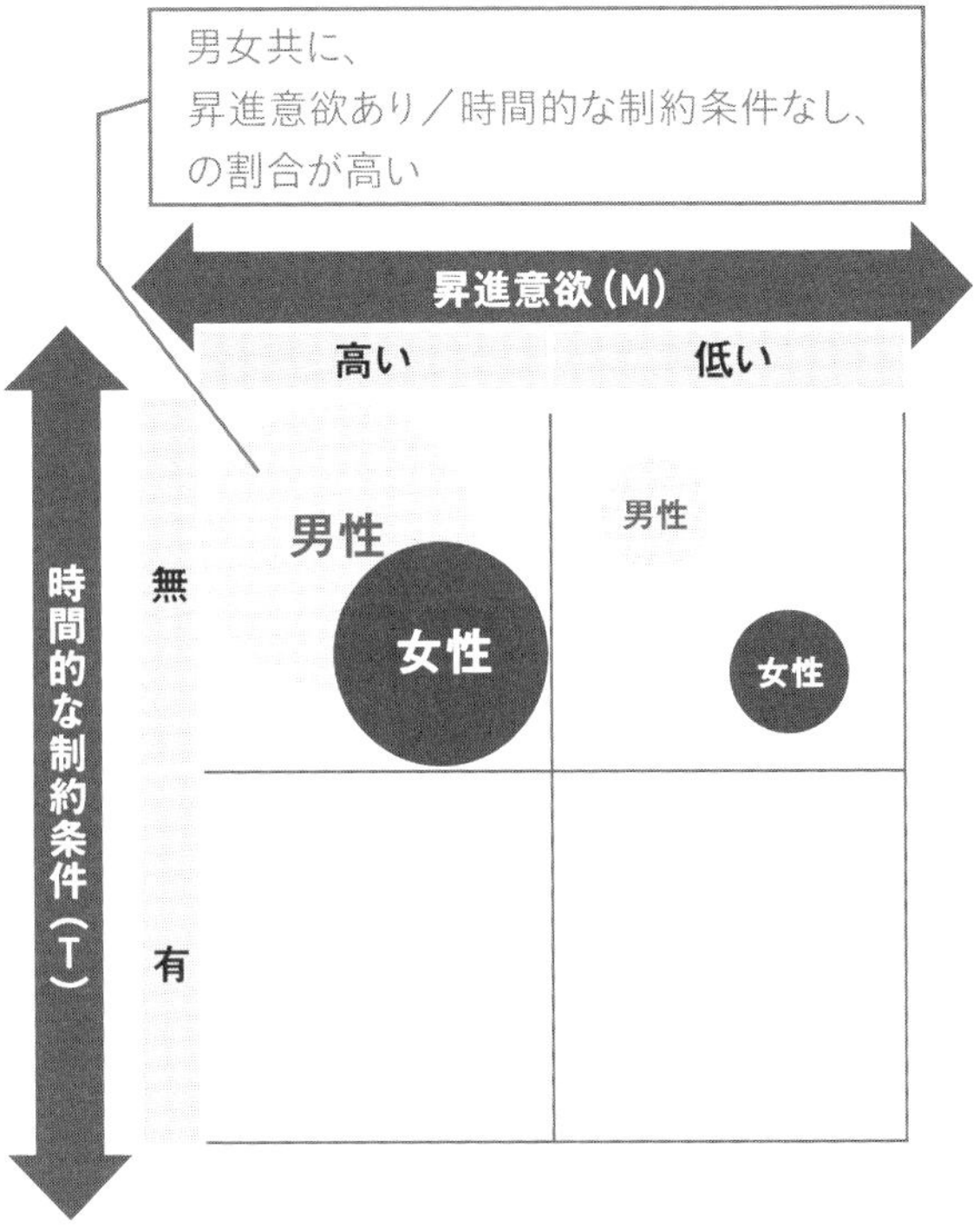

図2-9　総合職：管理職適正年齢時（35～45歳）における男女の分布

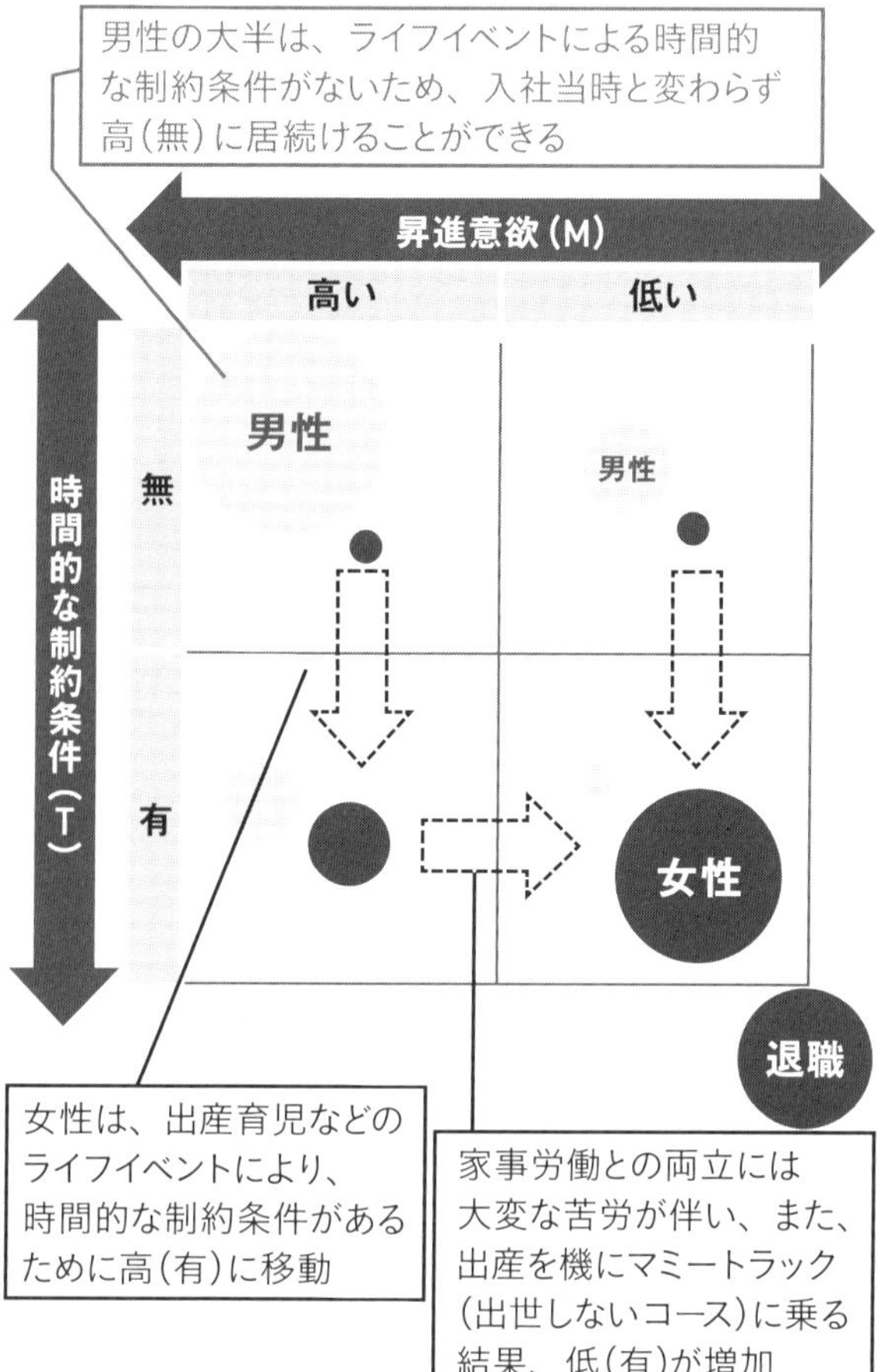
男性の大半は、ライフイベントによる時間的な制約条件がないため、入社当時と変わらず高（無）に居続けることができる
昇進意欲（M）
高い
低い
時間的な制約条件（T）
無
有
男性
男性
女性
退職
女性は、出産育児などのライフイベントにより、時間的な制約条件があるために高（有）に移動
家事労働との両立には大変な苦労が伴い、また、出産を機にマミートラック（出世しないコース）に乗る結果、低（有）が増加

管理職適正年齢といわれる35～45歳に至るまでには、男女とも、多くの人が結婚や子どもが産まれるなどのライフイベントを経験します。それでも、ほとんどの男性に時間的な制約条件は追加されず、新卒入社時同様、大半は「高（無）」に属したままです。

ところが女性の場合は、新卒入社時に「高（無）」に属していた大半が、「高（有）」か「低（有）」、もしくは、マトリクス枠外（つまり、退職）に移動しています。なぜかというと、結婚や出産などのライフイベントなどに伴い、家事労働や育児の主な担い手となるため、そこに留まることが難しいからです。

ライフイベントを迎え、いったん「高（有）」に移動した女性の中には、育児と仕事との両立に悩み、いわゆる**「マミートラック」（母親向けの出世しないコース）**に乗ることを選択し、「低（有）」に移動する人もいます。また、本人の意志ではなく、周囲の意向や会社の方針によりマミートラックに乗せられた結果、「低（有）」に移動する人もいます。

また、「低（有）」に移動したとしても、働き続けるためには家事育児との両立支援が必要ですから、それが得られず、離職を余儀なくされ、マトリクスの枠外に移動してしまう人も大勢います。事実、日本で正社員として働いている女性の3分の2が、第一子出産時に会社を辞めています。

時間的制約を避けるためには、結婚を遅らせる、もしくは、しないという選択や、結婚しても子は産まないという選択をするか、家事や育児などを全面的にサポートしてもらう手段を得ることが必要で、だからこそ**男性並みに「高（無）」に残ることができる女性はごくわずか**、という状況が生まれているのです。

なぜ、女性は管理職を目指せないのか？

女性が昇進意欲を持てない理由はなぜなのでしょうか？　それは、**日本の企業における管理職登用の制度が、時間的な制約条件がない人をベースにして整えられている**からです。

「時間的な制約条件がない」（＝長時間働ける）ことは、時間あたりの労働生産性の高さや意思決定能力の高さなどよりも重視されることさえ多分にあります。つまり、管理職を堂々と目指すことができるのは、管理職適正年齢の時点で、長時間働ける状態にとどまっていられた少数の女性だけであり、ひとたび時間的制約が生まれてしまうと、管理職を目指すことはできなくなり、徐々に昇進の意欲も失っていくという実態があるのです。

もちろん、高い昇進意欲があれば、時間的な制約条件があっても、家事労働のやりくりをしながら管理職を目指すことは不可能ではないかもしれません。けれども、それには強靭な精神力や、子どもが小さいうちは給与全額を充てても足りないほどの膨大な費用負担が伴います。

いずれにしても、「高(無)」にいる男性と同様に、責任を持って、長時間労働を前提に管理職を引き受けるというのは、物理的にも精神的にも非常にハードルが高いというのが現実なのです。多くの男性は結婚したり、子を持ったりしても、「働く」ことの延長線上に「昇進」を考えることができます。けれども、女性の場合は結婚したり、子を持ったりすることで、「働く」ことと「昇進する」ことが全く別の話になってしまうのです。

「イクメン」という言葉自体は一般的になりつつありますが、家事労働や育児は相変わらず女性に偏っていて、仕事への意欲は高くても、時間的な制約は避けられないのが日本の女性の現状です。それにもかかわらず、多くの企業では「時間的な制約条件がない」ことを前提とした管理職登用の制度を敷いています。それが、総合職の女性の中に、昇進意欲を持てる人がたった27％しかいないという結果につながっており、管理職率が伸び悩む最大の原因になっています。

時間的な制約条件のない女性だけをこれまで以上に積極的に管理職に登用したとしても、そもそも、そのような女性の絶対数が少なすぎるため、「２０３０」の達成には遠く及びません。

制約条件のある女性が昇進意欲を持てることが「２０３０」達成の鍵

『データブック国際労働比較２０１４年版』（独立行政法人労働政策研究・研修機構）によると、１週間あたりの労働時間が50時間以上の労働者の割合が31・７％に達している日本と違い、女性の労働力化や社会進出の実現とともに女性管理職率もアップした国では、長時間労働自体が特殊です。

例えば、１週間あたりの労働時間が50時間以上の労働者の割合は、フランスが９％、オランダはわずか０・７％です。これらの国がスムーズに女性管理職率を上げられたのは、そもそも「時間的制約」という発想自体がなく、それが阻害要因になっていないからだと推測できます。

日本においても、「2030」達成のために必要なのは、女性が抱える「時間的制約」を管理職登用の阻害要因にしないこと、つまり、**「何より仕事を優先し、長時間労働を厭わない」という管理職登用の「前提」を大きく覆すこと**です。たとえ時間的な制約条件があっても昇進に意欲を持つ人、つまり、「高（有）」の人が管理職を目指せる制度や環境をつくることが必要なのです。

これまでは、結婚して子どもがいてもすべてをアウトソースして、男性と同様に、仕事優先で長時間働く「スーパーワーキングマザー」がもてはやされ、社内外のロールモデルとされるケースも多々ありました。けれどもそれは、結婚し、子も持った女性が昇進するには「スーパーワーキングマザー」にならざるを得ないという現実の裏返しでもあったのです。そんな現実の前で多くの女性は徐々に昇進意欲を削がれ、たとえ仕事への意欲はあっても、管理職を目指すことをやめてしまったのだろうと推測できます。

「スーパーワーキングマザー」でなくても管理職を目指すことができる——。そんな制度や環境が整えば、管理職適正年齢のボリュームゾーンである「高（有）」の女性たちは十分に管理職候補になることができます。そうすれば、「２０３０」の実現も決して夢ではなくなるのです。

「すべての女性の活躍」が推進される環境とは？

近年、各企業においては、育休期間の延長や社内保育所の整備、またそれぞれの事情に応じ時短勤務を認めるといった「時間的制約がある女性でも働ける環境づくり」が積極的に行われてきました。ただ、その多くは、「低（有）」のセグメントに属する女性に配慮されたもので、整いつつあるのは「時間的制約があっても働きやすい」環境です。確かにそれは、女性の就業率を上げることには効果がありますが、結果として、「昇進はあきらめ、のんびり、細く長く働く」という選択をする女性を増やす、つまり、「高（有）」の女性が「低（有）」に移動することを後押しする、という側面もあります。

もちろん、すべての女性が昇進を望んでいるわけではありませんし、自らのワークライフバランスを考え、積極的に「低（有）」にシフトする女性もいます。しかし、不本意ながらも昇進をあきらめ、仕方なく「高（有）」から離れていく女性も少なからず存在していることを忘れてはいけません。そして、時間的な制約条件がある人でも管理職を目指せる制度や環境が整えば、昇進をあきらめずに「高（有）」に留まる女性は、今よりずっと増えるはずです。また、現実的に昇進は無理だと最初からあきらめていた女性も、そのような環境が整えば、昇進意欲が喚起されるかもしれません。そのような女性たちこそが、まさに、「2030」実現のキーパーソンでもあるわけです。

「2030」実現に向けて必要なのは、**「時間的な制約がある女性でも働きやすい制度や環境」だけでなく「時間的な制約がある女性でも管理職を目指せる制度や環境」の両方をしっかりと整えていくこと**です。

それによって結果的に、「すべての女性」が「自分らしい働き方を選べる」環境が生まれ、真の意味で、「すべての女性」の活躍が推進されるのです。

第3章

企業は何から始めればよいか？

女性活躍推進の基盤となる3つの段階

これまでお伝えしてきたとおり、「2030」の実現に向けた取り組みは、規模にかかわらず全ての企業が今、本気で取り組まなくてはならない火急の課題です。

とはいえ、もちろん、一時的に女性管理職率を上げればよいというわけではありません。必要なのは、「恒常的に自社から一定数の女性管理職を生み出す土壌づくり」、つまり、「2030」に向けた取り組みを起爆剤にして、真の意味での「女性活躍推進」を進めることです。

図3－1をご覧ください。このように、**女性活躍推進の基盤には、「採用」「定着」「登用」という3つの段階があります。**

これらの基盤は、「採用」から順に、「定着」「登用」と積み木を積み上げるように整えていくことが健全です。ですから、これまで女性の「採用」や「定着」に関する十分な施策をしてこなかった企業が2020年という目標達成期限に翻弄され、いきなり「登用」だけに着手してしまうと、さまざまな弊害に苦しむことになりかねません。

図3-1　**女性活躍推進の基盤**（女活のインフラストラクチャー）

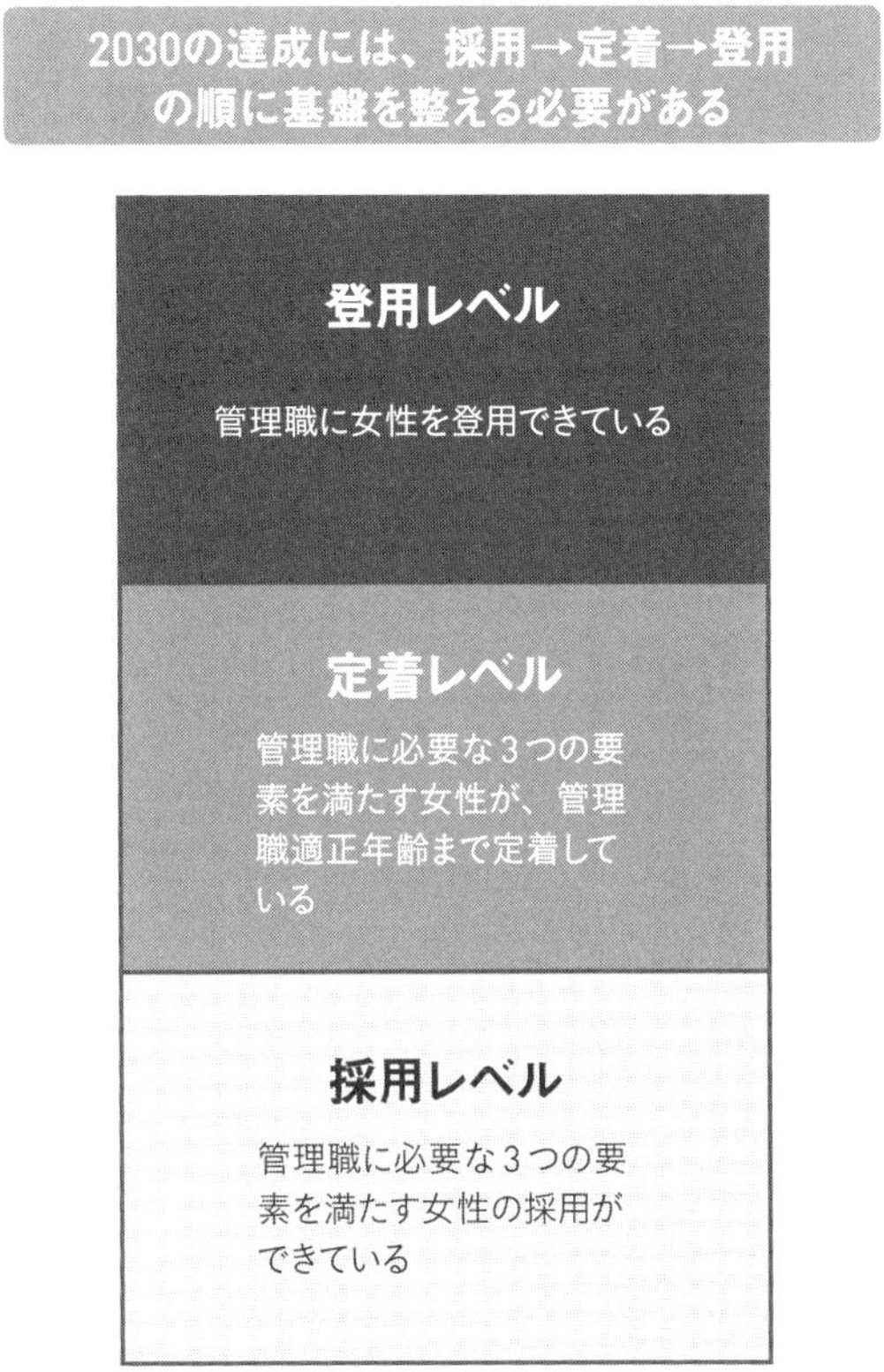
2030の達成には、採用→定着→登用
の順に基盤を整える必要がある
登用レベル
管理職に女性を登用できている
定着レベル
管理職に必要な3つの要素を満たす女性が、管理職適正年齢まで定着している
採用レベル
管理職に必要な3つの要素を満たす女性の採用ができている

※3つの要素とは…①正社員、②総合職、③昇進意欲あり、を指す。

例えば、在籍している女性社員にその候補者がいないという理由で、社外から「スーパーワーキングマザー」を管理職として迎え、その人にロールモデルになってもらおうとしても、「自分はあの人のようにはなれない」と、女性社員の昇進意欲をかえって減退させてしまう可能性もあります。

また、管理職登用に向けての育成をしていない女性をいきなり抜擢すれば、当然、周囲からの不満が噴出します。会社はもとより、本人までもが追い込まれてしまい、結局退職せざるを得なくなったというケースもあります。


企業にとって「女性活躍推進」というのは非常に大きなテーマです。思いつきのアイデアを試したり他社の施策を真似したりする程度の表面的な取り組みでは、思うような効果はあげられません。**自社の現状に応じた的確なゴールを設定し、そのゴールに向け女性活躍推進の基盤を順番に整えていくことが重要**です。

各企業においては、どのように「２０３０」を進めていけばよいのでしょうか。

ここからは、その具体的な方法についてお伝えしていくことにしましょう。

STEP＊1
「女性活躍推進」に向けた取り組みの開始を全従業員に知らせる

まずは、会社としての取り組みが開始されることを全従業員に表明します。その目的、具体的な段取り、スケジュールなどを明確にし、社員の協力が必要であることも伝えてください。また、この取り組みへの協力は業務の一環として位置づけ、例えば、一部の社員が就業時間内にインタビューに応じることなどに対する周囲の理解も喚起しておきましょう。

この取り組みにおけるインタビューやアンケート調査は、あくまでも女性活躍についての全社的な傾向を見るためのものであり、個人の評価とは無関係であるということをしっかりと認知させておくことも大切です。そうすることで、本当の実態が見えてきます。

取り組みの効果を上げるためには、**全社が一丸となること、そして、なにより社員の関心や協力が不可欠**です。一部の人だけが盛り上がっているといった状況にならないよう、こまめな経過報告を心がけ、インタビューやアンケート調査結果は逐一フィードバックして、それによってわかった会社の状況や今後の課題を全社で共有するように心がけてください。

また、会社の状況に応じて「女性活躍推進プロジェクト」などを立ち上げれば、会社の本気度はより伝わります。その際、**プロジェクトを社長直轄とするか、もしくは、人事担当役員など、経営に近い立場であり、かつ社内に影響力のある立場の人をプロジェクトリーダーに任命する**ことが重要です。

「女性活躍推進プロジェクト」を若手社員や女性社員だけを寄せ集めたチームに丸投げしているケースをよく見かけますが、管理職の30%を女性にするという壮大な取り組みは、ボトムアップで実現できるほど簡単なものではありません。形式だけのプロジェクト活動は、かえって会社が本気でない印象を与える結果になります。女性活躍推進をトップダウンで推し進めることにより、社内外に取り組みへの本気度を伝えることができるのです。

STEP＊2
自社の現状を把握する

いよいよ取り組みの開始です。最初は**自社の女性活躍の実態を、客観的に把握する**ことから始めます。実態が明らかになることで、女性活躍推進がうまくいかない本当の理由が見えやすくなり、取り組むべきポイントや優先順位を整理することができます。

具体的な手順は以下のとおりです。

【手順1】おおまかな状況を把握するため、グループインタビューを行う

女性全従業員（アルバイト・パートを含む）を対象に行うアンケート調査票を作成するにあたり、自社の課題の勘所をつかむことを目的としたグループインタビューを実施しま

す。このインタビューは、全社的な調査の重要な「前提」となりますので、次の点を心がけてください。

①似た属性の人から4〜5人をピックアップする

まず、職種、役職、入社年次、結婚や子どもの有無といった属性によって自社の女性をグループ分けします。「入社1〜5年目、営業職、未婚」のグループ、「入社10〜15年目、事務職、既婚、子どもあり」のグループ、といった具合です。

そして、同じ属性から無作為に数人を抽出し、グループインタビューの対象者を決めてください。似た属性の人を集めることにより、お互いの立場や仕事・役割を共感し合えるので、より率直な発言が出ることが期待できます。とくに、未婚の女性と既婚の女性、子どもがいない女性といる女性は、別々のグループに分けてインタビューするほうがよいでしょう。

望ましいグループの人数は4〜5人程度です。あまり少ないと、参加者たちはリラックスして話せなくなってしまいますし、逆に多すぎると、1人あたりの発言量が減るため、聞く側も答える側も消化不良な印象が残ります。

大切なのは、インタビューの対象者は「無作為に抽出する」こと。社内で目立っているとか、話が上手、といった私見によって人を選んでしまうと、真の実態がつかめなくなる可能性があります。

また、インタビューはすべての属性のグループにまんべんなく行うことが大切です。

②質問は、オープンクエスチョンで行う

「結婚後も仕事を続けたいですか？」「子どもは欲しいですか？」「仕事と家庭との両立は大変ですか？」「昇進はしたいと思いますか？」「仕事に対する意識は高いですか？」などといった、「ＹＥＳ」「ＮＯ」という返事を求める、いわゆるクローズドクエスチョンでは、表面的で形式的なインタビューになりがちです。

相手の真意を掘り下げるには、「結婚後の仕事についてどのように考えていますか？」「子どもについてはどう考えていますか？」「家庭と仕事の両立において悩んでいることは何ですか？」「昇進についてのお考えを聞かせてください」「仕事への意欲が湧き上がるのはどのようなときですか？」というような、５Ｗ１Ｈ（Ｗｈｏ、Ｗｈａｔ、Ｗｈｅｎ、Ｗｈｅｒｅ、Ｗｈｙ、Ｈｏｗ）を原則とした、オープンクエスチョンを心がけましょう。

③現在の状況だけでなく、変化の経緯も確認する

昇進意欲など、自身のキャリアについての考えを聞くときは、入社時、ライフイベント発生時、現在と、どのように変化していったか、変化の経緯についても聞くようにします。仕事に対する意識が下がった人に対しては、その理由を具体的に掘り下げて、確認するようにしてください。

【手順2】全女性従業員を対象にアンケート調査を実施し、必要なデータを集める

グループインタビューで大まかな状況をつかんだら、今度は、対象を女性の全従業員に広げ、アンケート調査を実施します。このアンケートは、自社の現状を正確に把握するのに必要な材料やデータを集めるために非常に重要なものです。作成にあたっては次の点に留意してください。

①質問項目は、グループインタビューでの気づきをベースに作成する

例えば、グループインタビューの対象者から、昇進意欲が持てないという声が多く

出たのなら、その理由の分析が必要ですから、「昇進意欲の妨げになっているものは何ですか？」「何があれば管理職を目指すことができますか？」のような質問項目を充実させ、必要な材料やデータを集められるようにします。

②質問の文言を作成する際には、質問の意図が伝わるかを熟慮する

部外者にも数名回答してもらい、質問項目のわかりにくさなどについてヒアリングするなどのトライアルを重ねたうえで設計します。質問の意図が誤解されると、回答が意図からずれたものになるうえ、回答者の真意が寄せられない可能性もあります。

③質問項目は、改善の指標としても活用できるものにする

いくつかの質問については、経年にわたって繰り返し聞くことを前提とした質問にします。また、それ以外の質問は、その時ごとのテーマに沿った質問に入れ替えます。

【手順3】社員情報とアンケート結果をもとに現状を整理する

53ページで紹介した女性管理職構成チャートと、55ページのM／Tマトリクスを作成し、自社の女性活躍の現状を整理します。

女性管理職構成チャートは、会社がすでに把握している社員の属性情報（全従業員における男女比率、正規・非正規社員における男女比率、総合職における男女比率等）と、アンケート調査で集めたデータ（昇進意欲の有無）から作成します。

M／Tマトリクスは、基本的に、アンケート調査で把握した情報から作成します。また個人別に、その人が年齢経過やライフイベントに伴いどのように推移したのかを分析することも、併せて行います。

注意点としては、例えば「結婚して子どもがいる」という属性情報だけ見ると「高（有）」もしくは「低（有）」に分類される人でも、「祖父母と同居していて、子育てを全面的にバックアップしてもらっている」などというアンケート結果から得た情報によれば、実態は「高（無）」あるいは「低（無）」という場合があります。また、独身の人はみな「高（無）」か「低（無）」というわけではなく、例えば家族の介護などを抱えている人は「高（有）」か「低（有）」になります。「昇進意欲」は、本人の価値観による部分も大きく、同じ属性でも個人差があります。

このように、属性情報だけで判断すると実態との差異が生じる可能性がありますので、M／Tマトリクス作成においては、アンケートの調査結果が非常に重要な情報になります。

【手順4】自社の現状を分析する

次は、自社の女性管理職構成チャートの分析です。ここでは、ある会社の例を使って、その分析の方法を説明することにします。

80ページに示したのは、A社の女性管理職構成チャートです（図3－2）。

まず目を引く大きな問題は、正社員かつ総合職に占める女性の割合がわずか10％ということです。この低い数字は、女性の「採用」もしくは「定着」に課題があることを物語っています。

図3-2｜女性管理職構成チャート

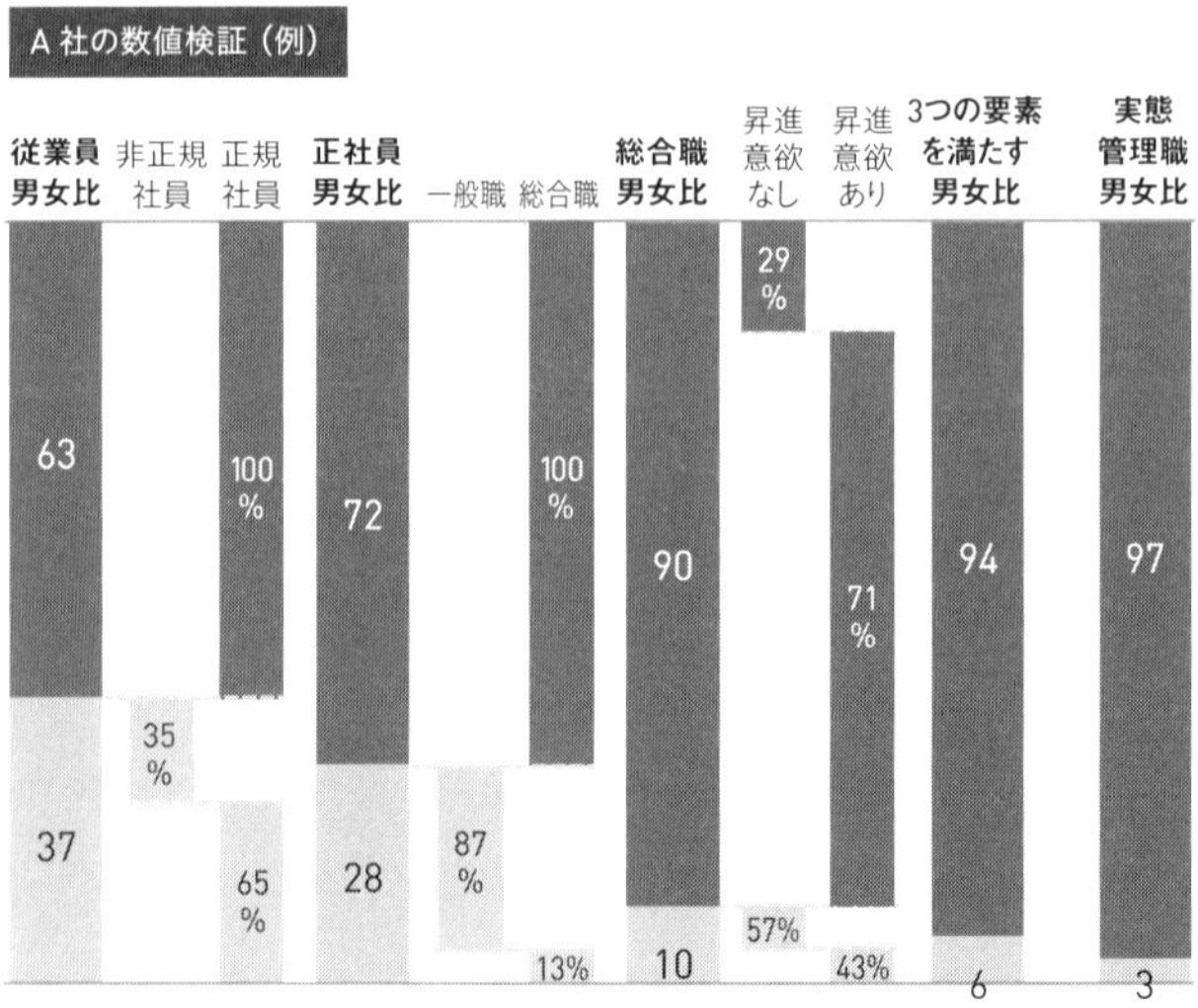

また、「正社員」「総合職」「昇進意欲あり」という3つの要素を満たす人のうち、女性が占める割合は6%であるにもかかわらず、実際に管理職になっている人のうち、女性はわずか3%です。つまり、女性社員は管理職に登用されるべき人が登用されていない、つまり登用段階にも課題があることがわかります。

なお、採用と定着のどちらに課題があるのかを明らかにするには、20代、30代などというように、年代別に分析を行います。

例えば、20代では正社員、総合職、昇進意欲のいずれにおいても男女同数であれば、少なくとも採用には問題がないことがわかります。年齢が上がるにつれてその男女比に大きな乖離が見られるようになるのであれば、明らかに、定着の段階に大きな課題があるということです。

その他の使い方としては、ある時期に、女性も管理職候補に据えた採用方針への転換を図ったのであれば、方針の変更前と変更後に分けてチャートを作成すれば、方針変更の狙いが反映されているかどうかについても調査することができます。

また、子の有無による女性の昇進への影響を知るためには、同じ年代の女性だけを、子の有無に分類するところからスタートするチャートをつくり分析することもできます。

このように、採用時期別、中途採用／新卒採用別、年代別、部門別、子どもの有無、婚姻の有無など、様々な切り口において女性管理職構成チャートを作成して検証することにより、自社の課題がどこにあるのかを明らかにすることができます。

次は、M／Tマトリクスを使った分析です。

図3-3 事例：B社のM／Tマトリクス

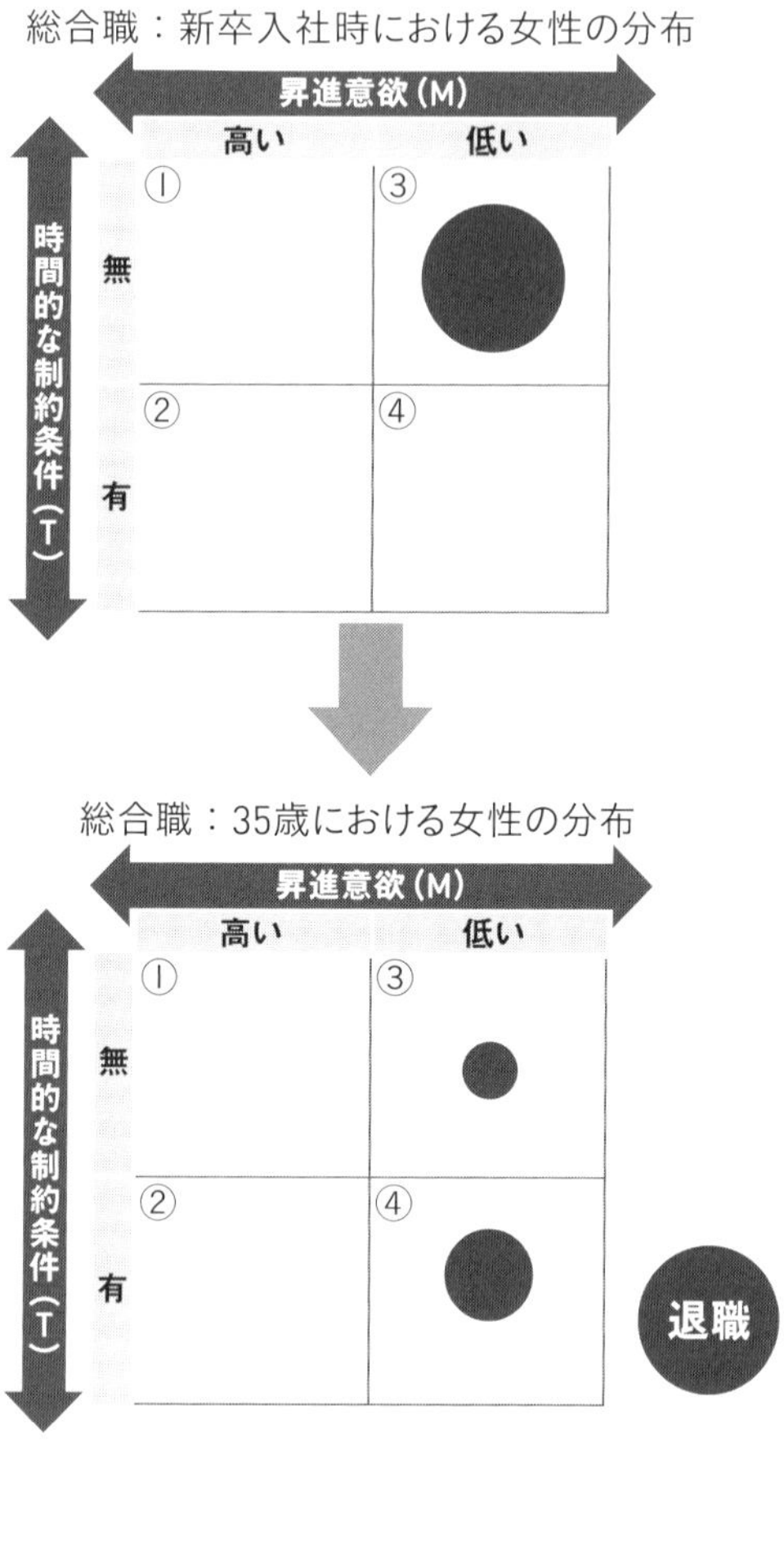

図3－3のB社の例のように、女性総合職を抽出して分析した場合、入社時のボリュームゾーンが③「低（無）」にある場合は、そもそも、採用時点から、昇進意欲のある、管理職候補となり得る女性社員を採用できていない、ということです。

さらに35歳ではほとんどが④「低（有）」に移動している、もしくは、すでに退職している実態から、定着面においても課題があることがわかります。

また、図3－4のC社の例のように、女性総合職を抽出して分析した場合、入社時に①「高（無）」にあったボリュームゾーンが、35歳では④「低（有）」に顕著に移動しているとしたら、採用時点では、管理職に必要な3つの要素を持つ社員の採用に成功しているにもかかわらず、ライフイベントに伴う時間的な制約条件に大きな影響を受けて、管理職候補になるべき人材に育っていないことがわかります。

つまり、このC社は「採用面」ではなく、「定着面」に課題があります。

さらに、図3－5のD社のように、35歳以上の女性総合職のみを抽出したうえでM／Tマトリクスを作成した場合、マトリクスの4つのエリア全てに分布が見られるにもかかわらず、管理職には①「高（無）」の人しか登用されていないという場合は、制約条件のある人が管理職になれていない、ということがわかります。

図3-4 事例：C社のM／Tマトリクス

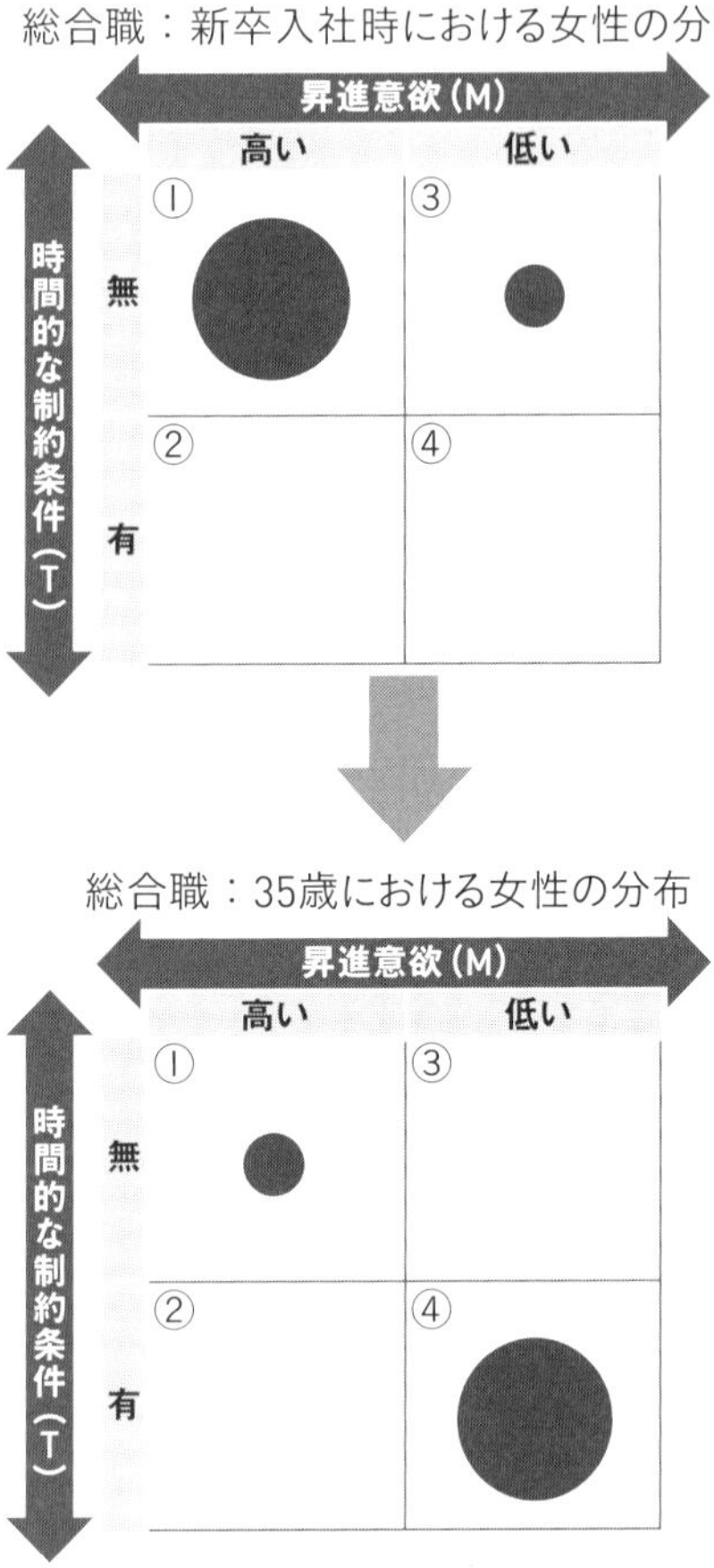

図3-5　事例：D社のM／Tマトリクス

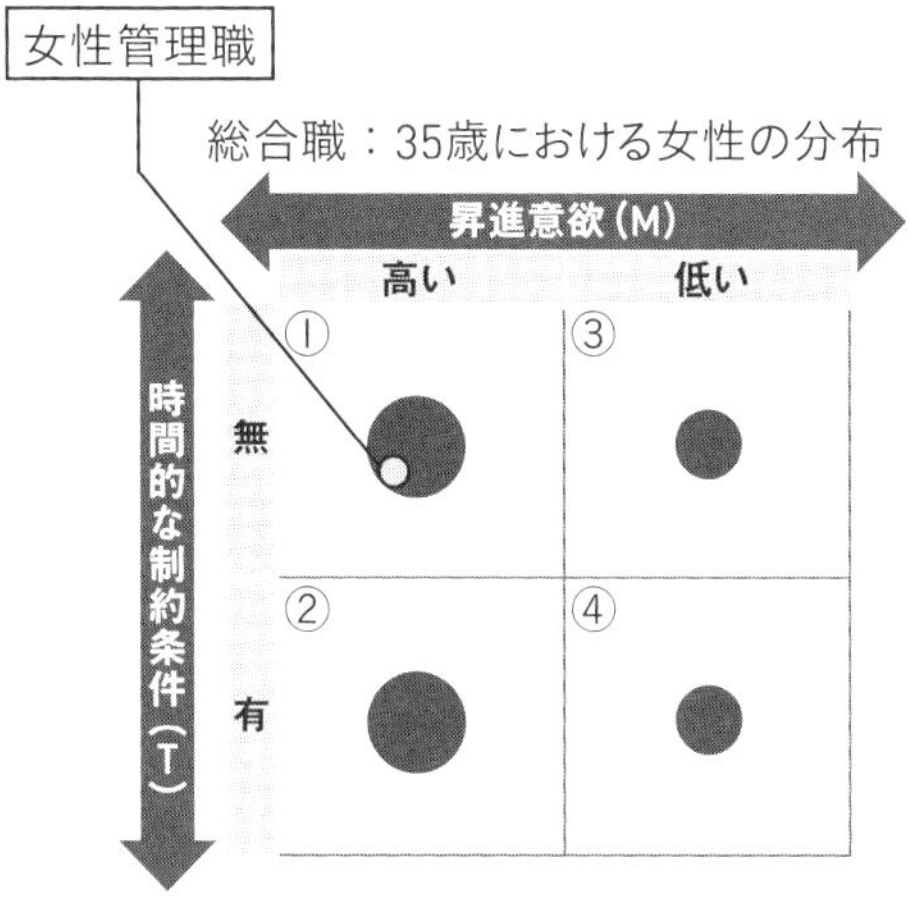

本来であれば、昇進意欲があれば、つまり、マトリクスの左半分であれば、管理職に登用されてしかるべきです。つまり、D社の課題は「登用面」であることがわかります。

このように、M／Tマトリクスを使って分析すれば、年齢とともに、昇進意欲や時間的な制約条件による影響がどのように変化しているのかを知ることができ、またそれによって、自社の課題が「採用」「定着」「登用」のどこにあるのかを明らかにすることができます。

M／Tマトリクスにおいても、採

用時期別、中途採用／新卒採用別、年代別、部門別、子の有無、婚姻の有無など、様々な切り口で作成して検証することで、さらに詳細に課題を把握することもできます。

STEP＊3 自社の課題を整理する

自社の課題が「採用」「定着」「登用」のどこにあるのかが判明したら、それがどのような課題なのか、さらに整理していきます。

課題の領域は、「機会創出」「制度支援」「意識醸成」という3つに分類できます。

ここまでのステップで明らかになったすべての課題を女性活躍の基盤の3つの段階、すなわち、「採用」「定着」「登用」を縦軸に、課題の3つの領域、すなわち「機会創出」「制度支援」「意識醸成」を横軸とする「女性活躍推進9フレーム」に落とし込んでみましょう。

図3-6　女性活躍推進9フレーム　課題整理

課題整理のサンプル例

	機会創出	制度支援	意識醸成
登用レベル	・管理職登用に必要な業務経験を与えていない ・女性管理職登用に関する会社の方針が明確でない ・短時間勤務が査定減点になるため、実質的に昇進できない	・時間重視の制度のため短時間勤務者がマイナス評価される ・早期育休復帰者支援の制度がないため金銭的負担が大きい ・管理職は転勤経験が必須の制度のため、家庭を持つ女性が管理職になりにくい ・管理職の会議が業務時間外に行われるため、子育て中の女性が管理職になりにくい	・管理職を固辞する女性が多い ・管理職に登用した女性が孤立感を抱いている
定着レベル	・出産をした女性に重要な仕事が任せられなくなる ・出産をすると営業職から外される ・中間管理職の評価が女性部下を育成する動機づけになっていないため、育成していない ・女性だけが残業できない	・残業が前提であり子育て中の女性が働き続けられない ・細く長く働くことのできる制度だけが充実している	・結婚や出産をした女性が自ら仕事の優先順位を下げてしまう
採用レベル	・女性だと総合職として採用されない	・女性社員向けの設備がないので女性が働けない	・採用した女性が昇進を望んでいない

「機会創出」のフレームに入るのは、**「何らかの条件（女性、出産、時短勤務など）にあてはまるとチャンスが与えられない」**という課題です。

例えば、「女性だと総合職として採用されない」という課題は、「採用」×「機会創出」のフレームに、また、「出産をした女性には重要な仕事が任されない」という課題は、「定着」×「機会創出」のフレームに分類できます。

「制度支援」とは、**「チャンスは与えていても、時間的制約に配慮する仕組みや制度がない」**という課題です。

例を挙げれば、「管理職になるには転勤経験が必須という仕組みになっているので、家庭を持つ女性は管理職になりにくい」、そうした課題は「登用」×「制度支援」のフレームに分類できます。「残業が前提にあり子育て中の女性が働き続けることが難しい」という課題は「定着」×「制度支援」に分類できます。

「意識醸成」とは、**「女性自身の仕事や昇進に対する意欲が低い」**という課題です。

例えば、「採用した女性社員がそもそも昇進を望んでいない」といった課題は「採用」

×「意識醸成」のフレームに分類できます。また、「出産や結婚をした女性が、自ら仕事の優先順位を下げてしまう」といった課題は、「定着」×「意識醸成」のフレームに整理されます。

このように「女性活躍推進9フレーム」に自社の課題を整理していくと、自社において「女性の活躍を阻害しているものが何か」がはっきり見えてきます。

STEP＊4
女性管理職率30％実現のための「マイルストーン」を設定する

現状がどうであれ、目標はあくまでも「２０３０」です。女性管理職構成分析チャート、M／Tマトリクス、女性活躍推進9フレームで自社の「現在地」を明らかにしたうえで、「２０３０」実現のための「マイルストーン」を設定します。「マイルストーン」とは最終的なゴールに向かうまでの通過点のことで、確実な目標実現に有効なものです。「マイルストーン」を設定する際には、以下の点を心がけてください。

①あくまでも自社の現状を踏まえた設定をする

例えば、ほとんど女性管理職がいないという現状を無視して、「今年中に女性管理職率20％を達成する」といった現実感のないマイルストーンを設定しても意味はありません。

また、すでに新卒採用の30％は女性であるにもかかわらず「来年からの新卒採用における女性割合を35％にする」など、現状からほとんど変わらない低すぎるマイルストーンの設定では、社員のモチベーションも上がりません。

自社の現状に応じたうえで、「○年度までに○を○％達成する」といった具体的なマイルストーンを立てることが大切です。

②上層部と担当セクションが合意したうえで決める

女性人材の育成や活躍推進は、人事部や、キャンペーン的に設置された女性活躍推進プロジェクトだけで達成できるほど簡単なものではありません。女性社員の扱いに対する自社の過去の経緯や上層社員の根強い意識なども絡む、非常に複雑なものです。

目標を定める際には、必ず上層部の理解と合意を得たうえで決めることが必要であり、上層部の理解と合意の得られないプロジェクトのほとんどは失敗に終わるといっても過言ではありません。

上層部の合意を得るためには、政府指針や法令等と併せて、数字や他社事例等を用いて論理的に説明することが不可欠です。また、もはや企業経営の観点では、やることのメリットを探すよりも、やらないことのデメリットのほうが大きいということを伝えていく必要があります。

③抽象的なものではなく、具体的なものにする

例えば、「女性が輝く会社になる」「女性が生き生きと働ける会社になる」といった抽象的なものだと、何をもってゴールに到達したかが不明瞭で、最終的なゴールまでの進捗状況もつかめません。

「正社員・総合職・昇進意欲ありの社員に占める女性の割合を◯％にする」「女性社員の◯歳時点の在職率を◯％にする」「女性総合職の◯歳の在籍率を◯％にする」「女性管理職を◯人登用する」といった**具体的な「数値目標」を設定**します。

また、「２０３０」同様、すべての目標は「◯年までに」という期限を切っておくことも大切です。

④数値目標そのものをゴールにしない

そもそも「2030」自体も、「真の意味での女性活躍を推進する」という目的のための、いわば「マイルストーン」です。十分な施策が伴わないまま、数字合わせの女性社員の登用だけを推し進め、表面的に数値目標をクリアしても、まったく意味がありません。逆に離職の原因になるなど、社内の悪評につながるリスクもあります。それは、女性本人にとっても、企業にとってもデメリットしかもたらしませんので、注意が必要です。**何のための数値目標なのかという「目的意識」を常にもって取り組むことが大切です。**

STEP＊5

具体的な施策を決めて実施する

次はいよいよ、「女性活躍推進9フレーム」に整理されたそれぞれの課題を克服し、「マイルストーン」の達成を重ねていくための、具体的な施策の立案です。

「2030」の実現のためには、STEP1～3で明らかになった自社の課題を、下から優先して、すなわち「採用」「定着」「登用」の順に施策を行い、解決を図っていくことが重要です。

例えば、管理職候補となる女性を採用していない会社が、いきなり登用の施策をしようにも、そもそもの対象者が存在しません。また、女性社員が定着できていない会社で数少ない女性を無理に管理職に登用しても、結局辞めてしまうということは十分にありえます。

図3-7　女性活躍推進9フレーム　施策立案

施策立案整理のサンプル例

	機会創出	制度支援	意識醸成
登用レベル	・幹部の補佐役など、経験不足の補てん・業務経験の前倒し化 ・管理職の社内推薦や公募の実施 ・中間管理職向け女性活躍推進研修	・管理職の人事評価に女性部下育成の項目を入れる ・早期育休復帰者の支援 ・就労場所、時間に囚われない仕組みの導入	・女性向けのリーダーシップ教育を実施 ・女性管理職にビジネスコーチをつける ・ピアサポート(同じ立場の相互支援)を充実させる ・女性同士のコミュニティづくり
定着レベル	・女性活躍推進についてのトップメッセージを社内外に発信する	・評価制度を時間当たりの労働生産性での評価に改訂 ・事業所内保育所の設置 ・在宅などの勤務制度改革 ・コアタイム内の会議開催 ・長時間労働の抑止	・メンタリングの導入 ・ライフイベントを迎える女性向けのキャリア教育の実施 ・育児休暇前後のフォローアップ
採用レベル	・総合職の女性を採用する	・女性用の設備／施設の拡充	・女性向けのキャリア教育の実施

また、各段階においては、「機会創出」「制度支援」「意識醸成」の3つの領域のうち、最も課題が大きいところから、その解決のための施策を実施していく必要があります。

例えば、その「制度支援」の不備ゆえに管理職適正年齢になった女性が働き続けることができていない会社が、「意識醸成」の研修を充実させ、女性の「意識」を高めたとしても、「制度支援」の不備が解決されなければ、そもそも女性が働き続けることができません。その結果、もちろん、女性管理職率が高まることもありません。

施策立案についても、「女性活躍推進9フレーム」を活用すれば、それぞれの施策は何を目的として行うのか、また、どの施策を優先して行うべきかが見えやすくなります。

第4章

ケーススタディ

あなたの会社の「女性活躍推進」

ここからは、さまざまなケースを通じて、課題の整理のヒントや、その課題を解決するための具体的な施策について考えていくことにしましょう。

なお、ここで取り上げるケースは、いずれも弊社で作成した架空のケースであり、実在するものではありません。

Case＊1

管理職に必要な3つの要素（「正社員」「総合職」「昇進意欲あり」）を満たす女性を採用していない

《現状》

社員の約半数は女性。ただし女性は男性のアシスタントとしての位置づけであり、「有名校出身か」「素直で従順な性格か」といった選考基準で採用が行われてきた。また、ほとんどの女性は結婚や出産を機に退職するため、女性社員の平均勤続年数は約5年と、男性社員の平均勤続年数約15年に比べて極端に短い。
管理職に占める女性の割合は約3％。ただし、管理職に登用されているのは、独身で、かつ男性同様に長時間労働が可能な女性のみである。

こうした会社での女性活躍推進における課題の本質は、以下のようにまとめることができます。

- 昇進意欲、長期継続就労の意志のある女性を採用していない
- 女性の配属される部署や職種が限定されている
- 女性自身に、男性の補助役に徹するという性別的役割分担意識が強い

つまり、**課題は「採用レベル」にある**ということです。

このケースでの、具体的な施策例と期待される効果を、フレームごとに考えていく

ことにしましょう。

採用×機会の施策❶ 昇進意欲を持つ女性社員に門戸を開く

今後女性を管理職に登用するためには、採用時点から、昇進意欲がある女性に門戸を開くことが必要です。また**採用面接の際は、管理職を目指してほしいこと、そして、長く働くことを前提としてほしいことなど、チャンスについて明確に伝える**ことも大切です。

ただし、昇進意欲のある女性社員を新卒で多く採用しても、その女性社員が管理職適正年齢まで育つには10～20年といった期間を要するので、女性管理職率を上げることはできません。

達成までの期間を短縮するには、自社の目標期限や人事制度を考慮したうえで、**将来の管理職候補者の中途採用も検討する**必要があります。

例えば、自社の制度上、実質的に35歳以上でないと管理職になれない場合、目標期日の時点までにそもそも35歳に達している管理職候補者が必要です。もしその人員が不足しているのなら、その条件にあう人材を中途採用で確保しておくべきでしょう。

もちろん、他社の管理職経験者を即戦力として採用するという方法もあります。しかしながら、第1章でもお伝えしたとおり、管理職経験のある女性人材は、大企業を中心に引く手あまたの状況となっていますので、その採用に成功するためには、自社の女性活躍推進の本気度や状態の「見える化」を行う、また、積極的なスカウト活動などの努力や工夫をする、といったことが必要です。

採用×機会の施策❷ 女性の配属される部門や職種を広げる

このような会社では、自社には女性をアシスタント以外で配属する部門がない、もしくは、自社の業務は女性には難易度が高くて任せられない、という考え方が蔓延している傾向があります。けれども、その思い込みを払拭しないかぎり、「管理職候補となる女性」は採用できず、当然女性の管理職率も上がりません。

まずは、**現状男性だけが配属されている部門や職種についても、女性の配属を行うことを検討し、受け入れの人数を増やす**必要があります。また、難易度が高くて女性には任せられないとされている業務も、単なる思い込みであることは多々あります。

本当に女性にはできないのか、現場や女性自身へのヒアリング調査などを通じて客観的な検証を行います。同様の業務を、他社では女性社員が行っているケースがある場合は、他社ではなぜできているのか、自社ではなぜできないのかを明らかにし、対策を考えます。女性にも「できるか、できないか」ではなく、**どうしたら女性社員に任せることができるのか、何があれば女性社員が取り組めるのか、というように、「女性もその業務を行う」ことを前提にした前向きな発想を持つ**ことが必要です。

採用×意識の施策　女性向けのキャリア教育の実施をする

このような会社では、ほとんどの女性が「会社では補佐的な役割に徹する」と決めていたり、自分の意見を述べることや目立つような成果を上げることにも抵抗を感じていたりします。また、そもそも「働くのは妊娠もしくは出産するまで」と決めている人も多く、そういう人は将来のキャリア形成に必要な経験を積むことに対しても消極的です。

女性も管理職として活躍することが求められるようになりはじめた一方で、幼少期から家庭内で「女の子らしく」という性別による役割分担の教育を受けてきた女性も、じつはまだ大勢いるのです。

けれども、「2030」という大きな目標のためには、女性自身の意識の変化も併せて必要です。幼少時や入社時から培ってきた固定的な役割分担意識を変化させるのには大変な時間がかかりますが、女性向けのキャリア研修などを積極的に行うことにより、女性の働き方が変化しつつある現実や、社内で求められる役割が変わっていることなどを伝え、**女性が自立・自律して生きていくことの重要性を女性自身が認識し、長期就労を前提としたキャリアプランを描けるような意識の改革を後押しする**ことが必要です。

また、学校教育までは男女平等教育を受けてきたにもかかわらず、就職したとたんに、女性が活躍できない現実に直面し、絶望感を感じている若い女性もいます。キャリア研修などの場を使って、女性が活躍できる風土づくりに向けて会社としてまだ過渡期であるが、今後はその環境を整える努力を惜しまないことを約束したうえで、長きにわたって活躍してほしい、という会社からのメッセージについても伝えていくことが大切です。

Case＊2

3つの要素を満たす女性を採用しても辞めてしまう

《現状》

新卒採用時には、女性の正社員・総合職を男性と同数採用。また、能力も意欲も高い女性が大勢採用されていて、事実、若手営業社員の成績上位者に占める女性の割合は、男性よりも高いほどである。しかし、女性社員の定着率がきわめて低く、新卒で入社した女性社員の平均勤続年数は、わずか3年である。管理職に女性はいない。人事制度は完全な実力主義を掲げ、「男女平等」「機会均等」の理念に基づき、「成果を出す人材への適正な評価」をしている。ただし、子どもの有無、介護の有無など、社員の個人的な事情には配慮していないため、子どもを持つ女性が管理職に就くということに現実味が感じられない。

最近、外資系企業からヘッドハンティングした女性を役員に迎え、女性社員には彼女をロールモデルにして一層頑張るよう、社長からのメッセージが発信された。また、社内広報やホームページにも彼女を前面に打ち出したうえで「女性が活躍できる企業」であるというPR活動が盛んに行われるようになった。このような経営陣の女性活躍推進の盛り上がりに反して、女性社員のやる気は、なぜか下がる一方である。

このようなケースでの課題の本質は、以下のとおりです。

・長時間労働を前提とした業務の進め方や仕組みであるため、家庭を持つ女性が働き続けられない
・会社が示すロールモデルが現実的でないため、女性は自分の将来をイメージできない

つまり、**課題は「定着レベル」にあります。**

ここでも具体的な施策例と期待される効果を、フレームごとに述べていきましょう。

定着×機会の施策

トップから、また会社を挙げての働きかけを強化する

女性社員へのインタビュー調査やアンケート調査の結果を精査し、社内の女性の生の声をしっかりと把握します。

また、経営トップをプロジェクトリーダーとする女性活躍推進プロジェクトを立ち上げるなどして、会社が本気で女性活躍推進に取り組む姿勢を打ち出し、「なぜ、女性に活躍してもらう必要があるのか」「なぜ、女性の力が会社経営にとって必要なのか」というテーマに対する**会社としての考え方を全社員に伝えていく**ことも重要です。

そして、そのような会社としての姿勢や考え方は、社外にも積極的に発信していきましょう。そうすれば、女性活躍推進に積極的な企業というイメージが高まり、そこに魅力を感じて優秀な女性たちが集まってくるという効果も期待できます。

なお、内閣府主体による「輝く女性の活躍を加速する男性リーダーの会」が発足し、

トップからの行動変革を促す取り組みはすでに始まっています。

定着×制度の施策❶
時間的制約のある人が不利益を被らないルールを設定する

営業最優先の会社では、日中は営業に専念するため、社内の重要な会議は早朝や夕方以降といった定時外に行われるのが常態化しているケースが多く見受けられます。

これでは、家事育児などの時間的制約のある女性は、会議に参加することが難しくなってしまいます。重要な事項が決定される会議にいつも参加できないという状況では、意見を述べたり、業務の進捗状況を確認したりということができません。「時間的制約」という物理的な条件で、女性は、管理職候補になるための「機会」を奪われているのです。

この不平等を是正し、時間的制約がある人にも、時間的制約のない人と同様の「機会」を与えるためには、例えば、**会議の開催時間を10〜15時のコアタイムに行う、朝礼を廃止して個別伝達する、**といったルールが必要です。

時間的制約のある女性が会議に参加できないという状況は、会社にとっても、人材活用の観点からいえば、「損失」だといえます。総合的に考えれば、深夜の会議などは、メリットよりもデメリットのほうが大きいと考えたほうがよいでしょう。

定着×制度の施策❷ 労働生産性で評価する

日本に根強く残る「長時間をかけて成果をあげる人が評価される」風潮は、時間的制約がある人が管理職候補になるうえで、大きな壁となっています。

本来であれば「労働時間」より、「労働生産性」のほうが重視されるべきであり、今後、労働力が減少することが見込まれている状況ではなおさら、一人一人の働き方の質が問われることになります。「風潮」を変えるのはそう簡単ではないかもしれませんが、少なくとも、時間あたりの労働生産性を重視するような「評価の仕組み」への転換は必要でしょう。

じつは、日本は先進国にもかかわらず、世界的に見ても時間あたりの労働生産性が低い国でもあります。『日本の生産性の動向　2014年版』（公益財団法人日本生産性本部）によると、わが国の就業1時間あたりの労働生産性は41・3ドルで、OECD加盟国

34カ国中第20位という状況です。一方で、第1位のノルウェーは時間あたり87・0ドルという日本の倍以上の労働生産性を上げています。そのノルウェーが前出のジェンダーギャップ指数世界第3位を獲得し、女性管理的職業従事者の割合が33%という高い水準を維持しているのは、短い時間で効率的に働くことに価値がおかれ、時間的制約が女性の就労や昇進の妨げになっていない事実を物語っています。

定着×意識の施策
時間的な制約条件のある女性からロールモデルを輩出する

在籍している女性社員に候補者がいないという理由で、社外から凄腕のスーパーウーマンを管理職に迎え、会社としての女性のロールモデルに仕立てるというケースはよくあります。しかし、そのロールモデルの女性が「男性並みに、時間的な制約がなく働くことのできる人」であったり、また、あまりにもハイスキルであったりすると、普通の女性はとても真似することができません。

そうなると、ロールモデルどころか、「ああいう人しか管理職にはなれないのだ」というイメージを植えつけ、女性社員の意欲をむしろ削ぐ結果になってしまいます。

ロールモデルは、女性社員がその人に自分を重ね合わせ、「あんなふうに働きたい」と憧れる対象であると同時に、「私にもできそう」と共感できる存在でなくてはなりません。

「2030」実現のためには、時間的制約のある女性にも管理職として活躍してもらわなければなりませんから、そのためにも、**「時間的制約があっても管理職として活躍している女性」のロールモデルが必要**なのです。

また、ロールモデルと出会う場として、女性同士のワークショップや女性活躍フォーラムなど、さまざまな職種や年齢層の女性が集まり語ることのできる場を設けるなどし、後押しをします。自社に該当するロールモデルがいない場合は、他社と共同で行うなどの工夫も必要です。

女性の先輩が、仕事と家事育児の両立を乗り越えてきた体験談を聞くことにより、また、自分のロールモデルになりそうな先輩と出会えることにより、女性は勇気を持つことができ、仕事へのモチベーションも高まります。

Case＊3 女性社員は多数在籍しているが、管理職を引き受けてくれない

《現状》

以前から、ＣＳＲや福利厚生の位置づけとして女性活躍推進にも熱心に取り組み、「出産祝金制度」「状況に応じて延長できる育児休業や時短勤務」などの制度や子どもを産み育てることを奨励し、女性が仕事と家庭を両立できるよう支援する制度が十分に整っているので、女性社員の定着率は非常に高い。また、数年前からは、産休育休からの復帰率１００％を達成していて、全社員に占める女性の割合は40％を超えている。

ただし、管理職以上に占める女性の割合は10％、部長以上に限るとわずか

1%。また、役員以上のポジションに登用された女性はこれまで一人もいない。

政府からの「2030」達成の方針を受け、女性管理職率の上昇を目指しているが、管理職登用を打診した女性に固辞されてしまうケースが続出している。

女性に「優しい」制度が整っているのに女性管理職率が伸び悩んでいるという会社は案外多いのですが、このような会社の課題を整理すると、以下のようになります。

・子どもを持つ女性には過剰な配慮がなされるため、難易度の高い仕事に挑戦する機会が与えられていない
・細く長く働きたい人に配慮した支援制度だけが充実している一方、子育てをしながらも管理職と両立したい人に向けた支援制度が無い
・女性社員の昇進意欲が不足している

十分に高い女性社員の定着率は確かに達成されていますが、この会社の課題は、じ

つは「定着」レベルにあります。

というのも、このようなケースの会社の施策は「辞めない」という意味での「定着」を実現するものに限定されていて、それは管理職登用につながる「定着」の施策とは別物なのです。管理職の重責を担うことなく、細く長く働き続けることでより多くのメリットを享受できる仕組みになっているために、女性達を管理職からむしろ遠ざける結果にさえなっています。

「辞めない」ための「定着」の施策ももちろん大切なのですが、女性の管理職率を上げるという目的のためには、それとは別に、**女性が管理職に登用されることを目的とした、定着の施策を行っていく必要があります。**

その具体的な内容を、ここでもフレームごとに見ていくことにしましょう。

定着×機会の施策

子どもを持つ女性にも難易度の高い仕事に挑戦する機会を与える

「女性に優しい」を自称する企業ほど、子どもを持つ女性に過剰な配慮をし、負担の大きい仕事や重要な仕事を任せていません。定型業務や補助的な業務を任されることが多く、難易度の高い折衝業務や責任を伴う業務が任せられていない傾向があるのです。実力を発揮する機会もスキルアップする機会も与えられないため、入社時は優秀だった女性も成長することができません。

しかし、「2030」という目標の前では、子育て中の女性を戦力外にしてしまうと、管理職候補者の絶対数が足りなくなってしまいます。今後は子育て中の女性も管理職として真剣に育成していかなければなりません。

そのためには、子どもを持つ女性社員にも難易度の高い仕事に挑戦する機会を十分に与え、成功だけでなく失敗も繰り返すことで、管理職に必要な知識、経験、判断力を培わせることが必要です。

なお、平成25（2013）年の厚生労働省の調査によると、女性の管理職が少ない、あるいは全くいない理由として、企業の人事担当者からの回答で最も多く挙がった理由は「現時点で必要な知識、経験、判断力を有する女性がいないため」という回答だそうです。女性に能力が備わっていないことを問題にするだけでなく、**女性に能力を身につける機会を与えているかどうかについて、課題意識を持つ**ことが必要です。機会を与えられなければ、男性も女性も成長することはできないのです。

定着×制度の施策
女性の意向に応じたフレキシブルな「育児支援制度」にする

例えば、短時間勤務の期間延長や育児休業期間の延長などは、女性の離職率を下げ、平均勤続年数を伸ばす効果がある一方で、「子どもが小さいうちは、仕事の優先順位を低くするのが当然」という社内のムードをつくりあげます。そういうムードのなかでは、子どもがいるという制約条件を抱えながらも昇進意欲を持っていた、つまりM／Tマトリクスでいうところの「高（有）」にいたはずの女性が徐々にその意欲を失い、気がつけば「低（有）」に移動していて、結果的に「女性はたくさんいるけど、管理職候補になる女性はいない」という現象が起きてしまいます。

「2030」の実現を目指すのであれば、**これまでのような「女性が会社を辞めない」ことだけを目的とした施策では不十分**です。加えて必要なのは、「登用」を見据えた「定着」であり、「高（有）」の人をいかにして「高（有）」に定着させることができるかが、女性管理職率を上げるためには非常に重要だといえるでしょう。

例を挙げると、「育児休業期間の最大3年間の延長を認める」といった一見手厚い育児支援は、管理職を目指している女性にはあまり有り難みのない制度です。休業中に業務知識やこれまで構築してきた人間関係を失う可能性もありますし、強い昇進意欲を持っている人にとって、休業期間は短いことに越したことはないからです。

実際、そのような人は産後数カ月で復帰を希望するケースが多いのですが、子どもが0歳児のうちは、預かってくれる保育所も少なく、また、通常よりも割高の保育料を個人負担で払わなくてはなりません。つまり、**管理職に昇進する意向を持つ女性にとっての真の「育児支援」は、長い育児休業期間ではなく、子どもの保育の保障なのです。**

例えば、ダイキン工業では、「ブランクは短いほうが現場感覚も鈍らないし、キャリア形成もしやすい」という発想のもと、出産から半年未満で職場復帰した社員に、復帰後1年間、保育園の延長保育費用やベビーシッター費用、子育て援助の家族を呼び寄せる交通費などに充てられる保育費用を60万円まで支給する制度があります。

このような制度こそが、まさに管理職登用につながる「定着」の「制度」といえるのです。

定着×意識の施策

ライフイベントを迎える女性向けのキャリア教育の実施

結婚、出産などのライフイベントを迎える女性を対象としたキャリア教育の実施をします。

そこでは、女性活躍推進の必要背景などについて、データや理論を用いてわかりやすく伝えたうえで、会社側のメリットのみならず、女性本人にとっても、働き続けることや管理職を目指すことのメリットが大きいことを伝えていきます。また、ライフイベントを機に安易に辞めてしまうことや、仕事にブレーキをかけてしまうことのデメリットについても併せて伝えます。

女性向けの教育研修は、管理職適正年齢前の30代になってから行うケースが多いようですが、その年齢の女性の多くは、結婚や育児などのライフイベントにすでに直面していますので、それより早い時期に行うほうが、出産や育児を経ても働き続けられるキャリアイメージを持ってもらううえで有益でしょう。

Case＊4
3つの要素を満たす女性はいるが、実際は管理職に登用されていない

《現状》

かつて女性は一般職採用のみであり、男性の補助的な位置づけであったが、20～30年ほど前からは、総合職の女性社員の採用も積極的に行っている。しかし、未だに「女性には管理職は任せられない」という意識が根深く、結果的に、女性はほとんど管理職に昇進できていない、もしくは、昇進できたとしても男性よりも明らかに遅い。管理職に必要な3つの要素を持つ社員に占める女性の割合は20％いるにもかかわらず、実際の管理職に占める女性の割合は4％と、大きく乖離している。

社内の上層部や中間管理職層は、女性をそもそも管理職候補として育成してい

ない。そのため、女性には難易度の高い仕事やタフなやりとりが求められる仕事をする機会が与えられていない。先日行った女性社員向けのインタビュー調査では、「仕事にやりがいを感じられない」「成長の実感がない」などといった声が多数上がっている。最近では、優秀な女性社員が転職してしまう事例も頻発している。

このケースでの課題をまとめると、以下のようになります。

- **上層部や中間管理職が、女性を管理職候補として見なしていないので、女性には管理職として必要な業務経験を積む機会が与えられていない**
- **女性のやる気が失せている**

これらは、女性活躍推進のインフラレベルでいうところの**「登用レベル」の課題になります。**

このケースにおける具体的な施策も、フレームごとに見ていくことにしましょう。

登用×機会の施策❶

中間管理職向けの女性活躍推進研修を行う

女性を育成する立場にある中間管理職層は、家庭では妻が専業主婦という人が未だに多く、夫や子どもがいる女性が働くこと自体に、内心では批判的な人もいます。また、女性の進出により男性の既得権を侵害されるのではと恐れを感じている人も、少なからず存在します。

けれども、**女性活躍推進を進めるためには、この中間管理職の理解と意欲が不可欠です。**トップが言っているからやる、会社の方針だからやるというのでは、真の改革は進みません。また、うわべだけ女性活躍推進に賛同する姿勢をしたとしても、女性部下に見抜かれてしまうことでしょう。

中間管理職の理解や意欲の醸成のためには、研修や講演などを通じ、女性活躍推進の必要性について、繰り返し伝えていく必要があります。女性活躍推進は女性のための施策ではなく、会社にとっても、また男性にとってもメリットが大きいことを、データや理論をもとに伝えていくことがポイントです。本書もぜひ活用してください。

登用×機会の施策❷

幹部の補佐役を経験させる

女性を管理職候補として育成してこなかった会社では、ひとつの部門の業務には精通していても、他の部門の業務についてはは知識や経験が積めていない女性がたくさんいます。また、対外的な場に出ていく経験を積んでいないため、社外の人脈などが不足している場合もあります。

この不足を補うため、**幹部登用を前提として、女性社員に男性幹部の補佐役（従来のアシスタント的な意味合いではなく、参謀的な意味合い）を経験させる取り組み**が、いくつかの企業ですでに始まっています。この取り組みを通じて、男性幹部の日常業務を間近で経験することにより、会社の意思決定のプロセスを学ぶこと、また、会社の業務を大局的に捉えるスキルを身につけることが期待できます。

登用×意識の施策❶ スポンサーシップの機会を与える

スポンサーシップとは、「支援者」を制度化する仕組みのことで、**社内の上司や役員に、特定の女性の業績や能力を社内に広め、その女性の昇進を手助けする「スポンサー」という役割を与える**やり方です。スポンサーは、対象者を昇進させることにコミットし、昇格に向けての助言や人脈形成の手助けを行い、また、必要な能力などについてアドバイスをする役割を担います。

日本では、まだあまり馴染みのない制度ではありますが、欧米では、これまで管理職や経営幹部の候補から除外され、昇進の機会が与えられなかった人材を発掘するための仕組みとして広がっています。

登用×意識の施策❷ 女性の教育に投資する

女性社員が管理職候補と見なされていない会社で働く女性には、男性社員に比べて、管理職に必要な業務経験や教育研修を受ける機会が与えられていないケースがあります。女性に能力開発のための投資をしても、割に合わないと考えられているためです。その結果、能力や意欲の高い女性が成長できる機会や環境を外部に求めて辞めてしまう、という悪循環が起きてしまいます。

今後、女性を短期間で管理職に登用していくためには、**積極的な能力開発の機会を設けることで、スキルや知識を身につけさせる**ことが大切です。経験がないがゆえに女性が苦手としている、論理的思考、法務、会計、マーケティングなどビジネススキルの研修や、部下育成方法やコーチングなどのヒューマンスキルの研修が必要でしょう。

また、管理職候補者として指名したうえで選抜研修を実施することは、本人たちに、女性の活躍の道を開く先駆者としての意識を醸成する機会にもつながります。

特に、現状で女性管理職が少ない会社では、自分が管理職に登用されることなど考えてもいない女性が多いので、能力開発の機会を与えることそのものが、意識の醸成にもつながるのです。

Case*5

女性を管理職に登用しても、しばらくすると辞めてしまう

《現状》

年齢や性別に関係なく実力がある人が正当に評価されるので、男女ともがむしゃらに働く人が多い。女性でもバリバリ働けば、実力次第では若くして管理職になることもできるし、会社も「2030」の達成に強い意欲をもっている。ところが、管理職に登用された後、しばらくすると退職してしまう女性が後を絶たず、それが悩みのタネになっている。

このようなケースでの本質的な課題は次のふたつです。

・管理職に登用された女性が孤立感を抱いている
・管理職に登用された女性が疲弊している

これらは、明らかに**「登用レベル」の課題だといえます。**

このようなケースでの具体的な施策例と期待される効果について、ここでは述べていきましょう。

登用×意識の施策❶ 女性向けのリーダーシップ教育の実施

若くして管理職に登用された女性は、必要以上に部下育成に苦手意識を持ち、疲弊しているケースが多く見受けられます。

リーダーシップは、ある程度の期間、集中してトレーニングを受けることにより、誰でも習得することができます。

また、マネジメント能力のアセスメント測定や適切なフィードバックを併せて行うことにより、できていることや強みを認識させます。それにより、これまで自分が指導を受けた男性上司たちのような、指示命令型のマネジメントや強いリーダーシップでチームを引っ張っていくやり方だけが正解ではないことを理解させ、本人の自信につなげ、自分ならではのリーダーシップの発揮の仕方を知ってもらいます。

登用×意識の施策❷ ピアサポート（同じ立場の相互支援）の機会を設ける

ピアサポートとは、同じ立場にいる人がグループで定期的に集まり、お互いの悩みや経験についてシェアやアドバイスをしたり、互いに支援をしたりする仕組みです。男性中心の職場では、女性管理職の先輩や仲間も少なく、悩みを相談する相手がなく孤立してしまうケースがあるため、部門や業務内容は異なっていても、同じ立場の人間が互いに支え合うことで、解決策を自ら見つけ出すことができる人材育成の一助となります。

なお、ピアサポートの機会を導入するにあたっては、「愚痴の言い合い」に終わらないような場づくりが重要ですので、外部の専門家の力を借りるなどをし、質を高めることが大切でしょう。

登用×意識の施策❸ ビジネスコーチをつける

コーチングとは、対話を通じて相手が目標達成に必要なスキルや知識を備えていくことを支援するコミュニケーションの手法です。コーチは、相手に対し質問をたくさん投げかけることにより、相手の発想を膨らませたり、視点を変えたり、自発的に行動をすることを促します。

すでに欧米ではエグゼクティブ層を中心にビジネスコーチをつけることは一般的ですが、最近では日本の企業でも、女性の幹部候補や新任管理職に外部のビジネスコーチをつける動きが加速しています。

定期的なセッションの機会を設けることにより、メンターやスポンサーシップでは補えない自己解決能力を身につけさせることが期待できます。

その他の施策例

ここからは、これまでに挙げたケース以外のよくある課題と、具体的な施策についてお話ししていきましょう。

課題例1 ＊ 女性従業員は多いが総合職の女性が少ない

このような課題を解決する方法としては、自社ですでに働いている一般職の女性を総合職に転換する、パートやアルバイトや契約社員の女性を総合職に登用する、といったことが挙げられます。

ただし、すべての女性がそれを望んでいるわけではありません。誰をその候補とするかについては、その人が、なぜ総合職ではなく一般職を選んで就職したのか、なぜパート、アルバイト、契約社員という雇用形態を選んでいるのか、つまり、**本人の「昇進意欲」を阻んでいる要因はなにかという事情をつかむ**必要があります。例えば、「あくまでも結婚退職が希望」という女性や「ひとつの会社にとどまりたくない」と考えている女性を無理やり総合職にしても、将来の管理職候補にはなり得ませんし、本人に苦痛を与えるだけです。

けれども、昇進意欲を阻む要因が、例えば、「長時間労働や転勤への不安」にのみあるという女性なら、総合職にも時短勤務を認める、転勤を伴わなくてよいといった、「総合職であっても多様な働き方を認める制度」の拡充をあわせて行うことで、総合職に登用できる可能性は十分にあるでしょう。

最近では厚生労働省の後押しもあり、短時間正社員制度を導入し、時間的な制約条件のある人でも、就業や就業の継続が可能になる働き方を整える企業が増えています。この制度の導入により、これまでのフルタイムを前提とした正社員の働き方では活躍できなかったけれども、意欲や能力はじつは非常に高い優秀な人材を確保できるようになりますので、人材不足に悩む企業にとってもメリットがあります。

課題例2 ＊ 出産を機に女性が辞めてしまう

女性活躍推進の加速度的な実現が求められている一方で、出産後に復職すると会社に迷惑をかけるのでは……と思っている女性も、未だ多く存在します。女性の活躍が進んでいない企業であればなおさら、「うちの会社は出産を機に辞めてほしいというのが本音なのだろう」と思い込んでいる女性は多いのではないでしょうか。そのような誤解を解くためには、**会社として本気で女性活躍推進を考えていることや、出産後も戻ってきてほしいことを、研修や面接の場などを通じて、きちんと伝えておく**必要があります。

多くの会社では、産休に入る女性が担当していた仕事や顧客を他の社員に割り振るということが当たり前のように行われていますが、それによって女性は復帰後の自分の居場所に不安を覚え、その不安が昇進意欲を削いでしまう可能性もあります。それを避けるためには、本人の意向と擦り合わせをしたうえで、担当の変更は産休から戻ってくるまでの一時的な措置として取り扱い、**出産はキャリアの継続においてなんらハ**

ンディにはならないという安心感を与える配慮が必要です。

また一般的に、育児休業の期間はパソコンや携帯電話などの貸与もされないため、会社の情報に触れることができません。そのため、休業中の社員は、休んでいる間に会社との距離が大きく開いてしまいます。

現在、女性の活躍を進める会社では、**ＳＮＳ、メール、掲示板などの活用や、定期懇談会、定期面談などの実施により、休業中の社員と会社がつながれる仕組みを導入する**動きが進んでいます。

この取り組みにより、職場復帰時の情報の遅れを減らすことができますし、また、つながりを持つことで、復帰後の不安を解消し、その後の離職率を下げることにもつながります。育児休業中の社員をフォローすることは短期的にはコスト増につながるように見えますが、育児休業後の社員を引き留めておくことは、中長期的に考えると、会社にとってコスト削減につながるといえます。

また、育児休業中の社員のなかには、空いている時間を活用して、これまでできなかった勉強の時間に充てて資格取得をするなど、スキルアップに前向きな人もいます。

このような社員に対して、たとえば金銭面などでの支援を行うことは、育休からの復職を応援するという会社の方針を伝えることにもなり、また、復職をしてからもそのスキルを職場で活かして活躍してほしいという会社からのメッセージにもつながります。

今後、女性の管理職率を上げていくためには、出産育児で休む社員を、病気などで休業中の社員と同じひとくくりにせず、**休業中の時間を自分のスキルアップとしても積極的に活用してもらうような仕組みづくり**が大切です。

課題例3 ＊ 子どもを保育所に入れられずに辞めてしまう、または復帰が遅くなる社員が増えている

女性が多く活躍している大企業を中心に、**事業所内保育所の設置**などをする取り組みもあります。例えば、日産自動車では事業所内保育所を設けることで、仕事にも育児にも意欲ある社員が希望する時期に復職できるように、また、保育園待機で復職できない女性社員を減らすことに取り組んでいます。また、女性社員が大勢活躍してい

ることで有名なヤクルトでは、全国1300カ所近くの保育所が設置されており、保育料も月6000円前後と破格の値段であり、4万人いる販売職員の約4分の1が利用しているそうです。

最近では、同じ地域にオフィスを構える企業が共同で保育所の企画運営に関与する取り組みも始まっています。

事業所内保育所の設置は、コストもかかる取り組みであり、乳幼児を抱えての電車通勤が現実的かなど、さまざまな見地で総合的に判断する必要はありますが、子育て中の社員のみならず、将来の出産を考えている社員に向けても「子どもを産んだ女性社員に活躍してほしいと、本気で思っている」という会社からの強いメッセージにつながります。

また、乳幼児の子どもを持つ社員に向けて、**在宅勤務の制度を導入、拡充**する動きが大企業を中心に始まっています。例えば、トヨタ自動車では2015年4月から、子育て中の社員の支援策として、在宅勤務の拡充をはじめました。1歳未満の子どもを持つ、一定の勤務年数を経た社員が、一日中自宅で仕事をすることを認める制度により、2020年までに女性管理職数を2014年度の3倍に増やす計画の達成に繋げるのが狙いのようです。

課題例4＊介護を抱える社員が増えている

最近では、育児よりも介護で働けない社員が増え、さらには介護を理由にした離職も問題になっています。そのような社員が継続就労できるための仕組みとしても、**在宅勤務等の制度を導入**することが効果的です。

例えば、週に5日出勤することは難しくとも、週に1〜2日の在宅勤務と組み合わせることができれば、介護をしながら継続就労ができる人もいます。

また、勤め先の定刻である18時退社ではヘルパーさんの帰宅までに間に合わないために、止むを得ず時短勤務を選択する人もいますが、家事労働を終えたあとであれば業務に戻れるという人もいます。**クラウドサービス、電話、WEB会議システムなどを活用**すれば、さまざまな制約を抱える人も、時間や場所にとらわれることなく働けるようになるでしょう。

例えば、日産自動車では、育児・介護中の社員の在宅勤務時間の上限を、所定労働時間の50％まで認める制度が拡充しています。

事業所外労働や在宅勤務を認める制度により、働く意欲や能力があっても、時間的な制約条件から長く会社にいることができない女性たちが継続就労できるようになります。

課題例5 ＊ 中間管理職が女性活躍推進に消極的

「女性活躍推進が大切」「女性部下を育成しなさい」と言われるだけでは、中間管理職の意識も変わりません。

本気で女性管理職を増やしていきたい企業を中心に、中間管理職に対し、**女性部下育成の行動計画を立てる**ことを義務づけたり、**管理職自身の人事評価に女性部下育成の項目を織り込んだりする動き**が始まっています。

また、管理職自身に作成させる後継者リストには必ず女性の名前を挙げることとし、女性部下育成に取り組む意識を高める工夫をしている企業もあります。

女性活躍推進は、女性社員を育成する立場にある**中間管理職の意識改革**が必須です。彼らの意識が、会社の目指す方向性に同調できるような仕組みや制度の導入を早急に検討する必要があるでしょう。

課題例6 * 身近な女性のロールモデルがいない

女性は、自然な形で、先輩との出会いを見つけづらいことから、**メンタリングを制度化する**企業も増えています。

メンタリングとは、「相談者＝メンティー」が「相談役＝メンター」に、定期的な仕事やキャリアの相談を行うことです。

女性社員は男性社員に比べると、そもそもの人数が圧倒的に少なく、また、家事や育児をしながらキャリアを積んでいる女性の数はさらに少ないことから、身近に目標となるような先輩との出会いが少ないのが実状です。また、女性は管理職適正年齢に近づくほど、家事労働の制約条件から、社内の懇親会や飲み会などに参加することも難しくなるため、仕事での苦労話や失敗談などについて、気軽に話したり相談したりする機会がなくなります。

経団連公表の女性活躍推進の自主行動計画では、メンター制度を導入するとした企業が8社にのぼっています。

メンターには評価に直接影響のない別の部署の人間があたる、一定の役職者より上級者が行う、昼間の業務時間内に行うといったルールを基に運用することが一般的です。また、メンタリングを導入する際には、女性活躍推進の必要性についてメンターが知識と理解を持っていることや、メンタリングが指示命令やメンター自身の過去のやり方を披露するだけの場にならないよう、メンター側にもメンタリングのスキルトレーニングを行うことなどが必要となります。

課題例7 ＊ 管理職候補が見当たらない

女性管理職率を高めるためには、**対象者を女性にかぎった管理職の社内公募や推薦などを実施する**取り組みも効果的です。ただし、これまで男性の補助的な役割や縁の下の存在として女性が育成されてきた背景がある会社では、女性が自ら手を挙げることに対して消極的で、また、そもそも自分を管理職候補者として認識していない場合すらあります。

やる気のある優秀な女性ならばきっと立候補してくれるだろうと本人任せにするのではなく、役員や上司からの積極的な働きかけや支援などを約束することにより、女性が手を挙げやすい環境づくりをすることが併せて必要です。

課題例8 ＊ 女性社員はライフイベントにより、管理職登用年齢までに必要な経験が足りていない

入社以降、男女同じスピードで成長の機会を与えていたとしても、女性の場合は、出産、育児というライフイベントにより、キャリアにブランクが生じることが避けられません。

管理職昇進にあたり複数の部署を経験することが必須条件になっている場合、そのブランクの存在によって、管理職適正年齢までに男性よりも経験が足りていないとい

う状態になってしまいます。

それを是正するには、女性社員に対しては、前倒しでキャリアを育成する目的で、**男性よりも早めに業務経験を積ませる**のも効果的です。例えば、転勤、海外赴任など、結婚や出産育児後に難しくなることは、比較的自由に生活設計の裁量ができる30代前半までに、ひととおり経験をさせておきます。

女性社員にとっては、若いうちの苦労は大変なことではありますが、一方で、早めに自分のキャリアの厚みを積み上げておくことにより、出産育児などを経た後の働き方や仕事内容について選ぶ幅が広がることにつながりますので、中長期的な視点で考えるとメリットが大きいといえます。

課題例9 ＊ 時短社員も管理職に登用したい

仕事の成果以上に仕事の進め方が重要視される結果、正しい手順で業務が行われることや、管理職以下、チーム全員が関与することが求められていることがあります。

また、部下と長い時間の関わりをもってこそ管理職というムードが広がっていることもあります。

けれども、そのようなやり方では、時間的な制約がある人は管理職になることができません。時間に制約のある女性社員を管理職として登用するためには、時間や場所にとらわれずに管理職の業務ができるようなやり方を導入することが必要です。

例えば、インターネットを使った会議や電話会議を導入する、時間外の連絡はメールにするなど、**時間に制約のある人でも管理職が務められるような仕組みを整える**必要があります。また、**部下の仕事のすべてを管理させるのではなく、状況に応じて部下が個人の采配で進められるような業務進行に変化させる**ことも、併せて必要です。

ここまで述べてきたとおり、女性管理職率を上げるための施策は、各企業の現在の女性活躍の状況を考慮したうえで実施する必要があります。また、施策は、女性をひとくくりにするのではなく、一人一人の制約条件を考慮したものでなくてはなりません。どの層にどのような変化を与えたいのかを明確にしたうえで、制度、機会の拡充、意識の醸成など、多面的で中長期的なアプローチを継続していくことも非常に大切なことです。

第5章

「女性活躍推進」に向けた人材マネジメント

女性活躍推進は、「女性に厳しく」もある

これまでは、女性活躍推進について「女性に優しくする活動」というイメージで捉えていた方が多かったかもしれません。けれども、「女性のため」の活動という認識では「２０３０」は決して実現できません。繰り返しになりますが、「２０３０」は日本の成長戦略の一環であり、あくまでも企業、そして国の生き残りのための重要なテーマとして捉えるべきものなのです。

第3章でもお伝えしましたが、女性を管理職候補として育てるためには、女性が長く働き続けられるように支援するのとは違う発想や方法が必要です。女性が長く働き続けられるための支援は、「女性に優しい」という発想が功を奏しますが、**女性を管理職候補として育てるには、男性と同様に、女性にも成長する機会を与え、そしてさらに、「鍛える」ということが重要になります。**

女性の側も、「優しくされる」ことを期待するのではなく、男性と同様に「厳しさ」も課せられるのだという自覚をもつことが必要です。そして、なによりも、長年私たち日本人が持ち続けてきた「仕事観」そのものを覆していく必要もあるのです。

この章では、「２０３０」を実現させるために、管理職の方がどういう発想をもつべきか、また、女性をどう育成していけばよいのかについてお伝えしていきたいと思います。

労働「時間」ではなく「質」を問う発想に転換する

制約条件を抱えて働く女性を正当に評価するためには、労働時間ではなく、労働の質、つまり、**時間あたりの生産性を重視するというシステムづくり**を急がなくてはなりません。ただし、いくらシステムが整っても、評価する立場にある上司の意識が旧態依然としていれば、せっかくのシステムも形骸化してしまいます。

これまで、すべてを犠牲にして仕事だけに没頭してきたことを自負している人ほど、「量が質を担保する」という考えにどうしても傾きがちで、「残業もいとわず長時間働く人」＝「やる気がある」という思い込みがなかなか捨て切れないようです。

けれども、女性の管理職率を高めるためだけでなく、今後予想される日本の労働力の減少に備えるためには、男女問わず、少人数でパフォーマンスを上げ続けること、すなわち、社員一人一人の仕事の質を上げることが非常に重要です。そういう意味でも、労働「時間」より、その「質」を問うという発想の転換が必要なのです。

また、いくら部下に「時間」より「質」を問うと話していても、上司自身がいつまでも長時間労働を続けていては、無駄な残業を切り上げて帰宅することに対して部下は罪悪感を感じてしまうでしょう。身近な上司が毎日夜遅くまで残業している、ノー残業デーも取引先の接待にあてられ、家族との時間を犠牲にしている……というような状況は、女性部下に「とうてい真似はできないから自分には管理職なんて無理」と思わせる一因にもなります。

なかには、「管理職なのだから、遅くまで働いても残業代の負担を会社にはかけてない」と主張する方もいらっしゃるのですが、それが、女性の管理職率が上がらない原因になるのであれば、実は残業代以上の不利益を会社に与えているともいえるのではないでしょうか。

これから、女性の管理職登用が進む組織、つまり、制約条件のある人が活躍できる組織にしていくためには、**まずは上司自身が、そのモデルとなる自覚をもたねばならない**ことをぜひ肝に銘じていただきたいと思います。

「個」を重視したマネジメント力を身につける

社員の数に余裕があったときは、「男性の部下がほしい」「女性では困る」などと、部下の配属についてわがままを言うこともできたかもしれません。実際、人事の方から「女性社員を増やしたいけれど現場が嫌がる」という話をお聞きすることは、未だに決して珍しいことではありません。

「現場が嫌がる」最大の理由は、女性は扱いづらい、育成が難しい、というイメージがつきまとっているからではないでしょうか。その原因のひとつは、独身か既婚か、子どもがいるかいないかといった、その人自身のバックボーンが少なからず仕事に影響すること、さらには、そのバックボーンがその時々の状況によって変化するということです。

また、仕事と家庭とのバランスについての考え方も千差万別で、昇進意欲についても個人差が大きいので、「女性」というだけでひとくくりにしてマネジメントすることができません。

「いろいろなタイプがいる」「つねに変化している」女性のなかから、管理職候補を見出し、育成するためには、部下一人一人を「個別に」マネジメントするスキルが求められます。「個」を尊重したマネジメントは、部下をひとくくりにしてマネジメントするよりもはるかに難易度が高くなりますので、**上司自身も、研修や学習などの機会を通じて、コミュニケーションスキルや部下育成スキルを一層レベルアップしていく必要がある**でしょう。

なかには「女性部下の取り扱い方法」などのマニュアルを求めたり、テクニカルの習得に走ろうとしたりする方もいますが、すべての女性に一律に効くテクニックなどありえないと断言できます。

すべてをひとくくりにできないというのは、女性にかぎらず、今や男性にもいえることです。**「男性だから長時間労働できるはず」「男性だから昇進を希望しているはず」というのはもはや幻想**で、妻の社会進出によって家事労働の一部を負担しなければならない、もしくは親の介護をしなければならないなどの事情で、時間的制約条件のなかで働かざるを得ない男性は今後確実に増えていきますし、終身雇用制度が崩壊しつつあることも手伝って、男性であっても昇進に興味をもたない人も増えています。つまり、「個」を活かすマネジメント力は、「２０３０」を目指す目的以外でも、これからの時代では必要なのだといえるでしょう。

また、**「男性は理性的だから扱いやすい」とか「女性は感情的だから扱いづらい」などと、性別での極端な区分をする考え方についても当然見直す必要があります。**当たり前のことですが、男性にも感情的な人はいますし、女性にも理性的な人はいます。また、「男性のほうがやる気がある」と考えている人もいらっしゃるかもしれません。けれども、何をもってやる気があると判断しているのか、その判断は、果たして正しい判断なのか、ということについても、あらためて考えてみる必要があります。

さらに「女性だけにやってはいけないこと」などもありません。セクハラやパワハラ的な発言など、女性にやってはいけないことは、当然ながら、男性にもやってはいけないことです。

女性にも「チャンスを与え、鍛える」というスタンスを持つ

「女性には難しすぎるだろう」「女性には無理ではないか」などの思い込みの結果、女性には難易度の高い仕事へのチャレンジの機会さえ与えられていないという職場は、数多く見受けられます。優秀さを見込まれて入社した女性でも、十分な経験が積めておらず、その結果、いざ管理職候補として白羽の矢が立っても必要なスキルが身についていない、ということが起きているようです。

今後、「2030」に向けた女性管理職率向上のための施策に伴い、女性が配置される職域が拡大していき、これまで女性の部下を持ったことのない上司のもとにも、女性が次々に配属されるでしょう。けれども、女性部下に不慣れな上司が必要以上に気を遣ってしまうと、女性の側に全く非がないのに、「やっぱり女性は使いづらい」という結論を早々に下してしまうことになりかねません。

女性だからという理由だけで、マネジメントのやり方に必要以上の差をつけることは、周囲にも部下本人にも混乱を招きかねませんし、そもそも特別扱いしてしまったら、管理職に相応しい人材に育てることはできません。管理職に登用されるには、難

易度の高い業務も経験し、たくさんの失敗と成功の経験を重ねていることが必要ですが、そういう経験を積む機会が、女性にはそもそも与えられていないという現実があります。

女性が管理職に登用されない理由に、「管理職に相応しい人材がいない」ことを挙げている企業は多いのですが、それは、「管理職に相応しい人材に育つためのチャレンジの機会」を女性に与えてこなかったことの裏返しなのです。

弊社が女性管理職候補者への研修を行った某企業で「上司のどのような関わりにより自分が成長できたと感じたか」という問いかけをしたところ、かつて厳しい指導を受けた上司に向けて感謝を示す言葉を多数聞くことができました。これから女性の管理職率上昇を目指していくためには、相手が女性であっても「チャンスを与えて鍛える」というスタンスで指導できるよう、上司自身の意識を変化させる必要があるのです。

女性への過剰な配慮は「やる気」を削ぐ

妊娠中の女性や、育児休業明けの女性に対する過剰な「配慮」が、本人に落胆や憤りを感じさせたり、働くことの意欲を低下させたりしているというケースもあります。妊娠中や育児中であっても仕事への意欲や能力は決して失っていないと自負しているのに、「簡単な仕事のほうが気が楽だろう」「責任ある仕事を任せられると大変だろう」という周囲の勝手な思い込みによる過剰な配慮は、それが好意からのものであっても、むしろ本人を深く傷つける結果になっているのです。

出産を機に、両親との同居を始めたり、保育所の近くに引越したりするなど、仕事と家庭を両立できる環境を積極的に整える努力をしている女性も多く、また、育休中も資格取得のための勉強を続けるなどスキルアップを図っている女性も大勢います。また、会社を離れていた経験から、以前よりも愛社精神が高まった、働くことへの意欲が高まったと話す女性も多いのです。

もちろん、なかには、妊娠や出産を機に、積極的にマミートラックに乗ることを選択する女性もいますし、周囲の配慮がなければ、そもそも「働く」こと自体を継続できない女性もいます。その意識や状況が千差万別であり、さらに刻々と変化するのが、女性の特徴でもあります。

ですから、**管理職を目指せる女性を一人でも多く確保するためには、あらゆるタイミングでコミュニケーションを密にとりながら、状況や意向について細かに確認し、また、会社からの期待についても伝え続けることが必要です。**

「2030」の達成のためには、少なくとも、「やむを得ず」マミートラックに乗る女性を一人でも減らす努力が必要なのです。

「会社からの期待」を積極的に伝えていく

弊社が20〜30代女性社員へのヒアリング調査を行った某企業で、

・今の会社では、妊娠出産した後も働き続けることは迷惑になる。妊娠出産をあきらめるか、もしくは、退職するしかない。

・評価されるためには、男性と同様に、長時間労働、かつ仕事優先でいることを求められている。長く働き続けるためには結婚をあきらめなくては、と思う。
・自分は責任ある仕事をやりたいと思っているが、身近な女性の先輩を見ていると任せてもらえそうにない。早めに転職を考えている。

といった声が多く聞かれました。

じつはこの企業においては、女性活躍推進に向けての取り組みが人事部主導で積極的に進められていました。けれども、当の女性たちのなかでは、このような意識が払拭されていないままだったのです。それは、会社の意向が女性社員たちにきちんと伝わっていなかったことが一因だと思われます。

今後、女性に管理職を目指してもらうためには、女性も男性同様、すべての人が管理職になりうる人材だという意識でまずは向き合い、その意欲や資質が強く感じられる人には、中長期で会社がその人に期待する役割について繰り返し伝え、将来的には管理職を目指していくよう励ましていくことが大切です。そうすることで、自分は堂々と管理職を目指してよいのだという自信や安心感が生まれ、自分の力を存分に発揮できる女性も増えていくはずです。

男性部下の家事労働への進出が、女性の社会進出を実現する

平成23年社会生活基本調査「生活時間配分の各国比較」によれば、末子が6歳以下（日本、アメリカのみ5歳以下）の共働き世帯の夫婦が、1日あたりに家事と家族のケアに使う時間は以下のとおりです。

【妻】

- スウェーデン……5時間21分
- ノルウェー………5時間21分
- アメリカ…………4時間42分
- フランス…………4時間48分
- 日本………………5時間31分

【夫】

・スウェーデン……3時間19分

・ノルウェー……3時間10分

・アメリカ………3時間08分

・フランス………2時間22分

・日本……………1時間15分

ここに挙げられた日本以外の4カ国は、就業者に占める女性の比率が高い上位4カ国（第2章　図2－3参照）と一致しています。これらの国と比べ、日本の男性は、家事と家族のケアに使う時間が際立って短いのが一目瞭然です。

共働き世帯に限ったデータであるにもかかわらず、日本人の夫は妻の5分の1の時間しか、家事労働に費やしていません。**日本は、たとえ共働き世帯であっても、家事労働の負担は女性に極端に偏っている**のです。

妻が社会進出するためには、夫が家事労働に進出することがセットで必要です。とはいえ、出産という絶対的な理由がある女性に比べると、男性が家事労働を理由に時短勤務や休暇の取得を申請しづらい、社会全体の意識が根強く残っているのもまた事実です。ここでもまた、「長時間労働があたりまえ」という風潮が、男性が積極的に家事労働に参加することを阻んでいるのです。

「2030」の実現を日本という国全体の課題として考えるなら、「長時間労働の見直し」を大前提に、男性も家事労働に積極的に参加できるような環境づくりが必要ではないでしょうか。仕事と家事の両立は女性だけの課題でなく、男性の課題でもあると捉え、その課題に対して、企業としてもどのように取り組んでいくのかを考えることが大切です。

男性部下の家事労働支援は人材不足へのリスクヘッジになる

育児・介護のための休暇取得は、法律では男性にも認められているものの、実際にそれを取得している人はごく一部です。未だ「育児のために休暇をとる男性は珍しい」というムードは払拭できていません。

けれども、今後女性の活躍推進により、家庭において夫が担う家事労働の割合も増えてくるでしょう。これまで女性部下たちが苦労してきたように、男性部下のなかにも、仕事と家事労働との両立に悩む人が増えてくるかもしれません。

一方で、男性の介護離職という問題はすでに浮上しています。つまり、相手が男性であっても育児や介護のための時間的制約に配慮できなければ、人材を失ってしまう、という時代はじわじわと近づいているのです。

これからは、男性部下であっても育児や介護を理由に休暇をとることは当然という風土をつくりつつ、一時的に人材が欠けても社内のオペレーションが維持できる状態を、日頃から構築しておく必要があります。つまり、男女かかわらず、社員一人一人がなんらかの制約を抱えながら仕事をしている状態、もしくは、いつそうなってもおかしくないということを前提に、自部門のオペレーションを考えておくことが重要です。

大切なのは、**マニュアル化を進め、仕事を属人化させない**ことです。それが、人手が急に足りなくなるなどの緊急事態にも対応するリスクヘッジとなります。また、社内での知識の共有は組織全体の底上げにもつながり、長期的に考えればメリットも大きいといえるでしょう。

女性は管理職に向いている⁉

管理職の重要な仕事は、部下育成です。女性社員のなかには、「部下育成に自信がない」という理由で、管理職になることを躊躇する人が多く見受けられます。しかしながら、もともと女性は、人を育てることや世話をすることが得意ですし、また、子育ての経験のある人も多く、じつは管理職に非常に向いています。また、女性には部下育成に必要なコミュニケーション能力が高い人も多く、管理職に必要なスキルを兼ね備えている人が多いのです。

ビジネス自体が複雑で多様化しているなか、また、より少数精鋭での企業経営が加速するなか、**これからの管理職に求められるのは、部下一人一人を個別対応し、一人一人が強みを発揮できるよう支援すること**です。男性が得意とする、強いリーダーシップでチームを引っ張ることや指示命令型のマネジメントを真似することだけが、必ずしも正解ではありません。

能力は評価されているのに管理職になることに不安を抱える候補者には、面倒見の良さや細やかさなど、自分らしさを活かして管理職の仕事に取り組めばいいのだと励ましましょう。

管理職になるメリットを率直に伝える

これまで女性は、管理職候補外として置かれてきた背景もあり、管理職は特別な能力を持つ人だけが担える大変な仕事であり、自分にはふさわしくない、と思い込んでいる人も多いと見受けられます。また、管理職は、責任やプレッシャーもあり大変な仕事だから無理だと、担うことのマイナス面しか見えていない人も数多く存在します。

確かに、管理職は大変な仕事です。しかし、それ以上に、管理職を担うことによりその人自身の能力も一層高まりますし、また、会社や社会に貢献できる幅も広がります。また、部下やチームを取りまとめてゴールに到達する喜びは、何にも代え難いものです。

人は元来、成長欲求があり、ある程度の経験を積むと、新たなゴールに向けてチャレンジしたくなるものです。しかしながら、組織では、担う役割によってチャレンジの幅も制限されます。組織では、肩書きのない人が意見やアイデアを通すには、多くの手間や段取りが必要です。しかも、途中で上司の反対にあって頓挫したり、または、上司の手柄にされてしまうことだってあるかもしれません。しかし女性が管理職になれば、自分の意見やアイデアを直接経営陣に伝えられるようになるなど、やりたい仕事が実現できる可能性が広がります。時間管理や予算管理についても、平社員はその都度上司の許可を必要としますが、上の立場になればなるほど、自分の権限でできるようになります。昇進すればするほど、業務の自由度は上がるのです。

管理職になるメリットは、当然金銭面にもあります。昇進すればするほど、同じ労働時間でも、時間あたりの賃金単価が高くなるため、より少ない時間で、より高い賃金を得られるようになります。つまり、自分が望む生活に必要な収入を、より効率的に稼げるようになるのです。

女性が、出産や育児を経ても管理職を目指すことや、管理職であり続けることは、もちろん大変な努力を強いられます。けれども、何十年もの長い労働期間のなかでは、出産や育児に時間がかかり両立が大変なのは、ほんの短い時間だと考えることもできます。

時間的な制約を抱える女性は、さまざまな選択肢のなかで気持ちが大きく揺れ動きます。**本人の価値観を尊重しつつ、働くということを長期的な視点で考え、自分がより多くのメリットを享受できるような働き方を慎重に選ぶよう、さまざまな場面でアドバイスしていく**ことも、「2030」実現のために上司に課される使命だといえるでしょう。

管理職になるために必要なスキルとは？

管理職に必要なスキルについていえば、上にあがるほどに、ヒューマンスキル（対人関係のスキル）やコンセプチュアルスキル（物事を概念化して捉えるスキル）の割合が高くなります。これらは机上の勉強だけで身につくようなものではなく、管理職の仕事を通じてこそ習得できるものでもあります。ですから、スキルが完璧になるのを待ってから管理職に登用するより、管理職になってから段階的に身につけさせるという考え方も必要です。

もちろん、管理職になる際には、会計や法務など、平社員では知らなくても許されたことについても知っておく必要があります。もしも、管理職候補の女性部下にその知識が欠けていると感じているならば、教育研修の機会を積極的に与えてください。教育研修の機会を与える際には、結果的にどのような成果を組織にもたらして欲しいのかについて、必ず伝えるようにしましょう。

女性の多様な価値観を理解する

これまでの日本企業での管理職登用制度のなかでは、女性が「働くこと」と「家庭や子どもを持つこと」の両方を実現するためには大変な困難が伴いました。そのため

「結婚や出産をあきらめて仕事（昇進）を選ぶ」という決断をせざるを得なかった方も大勢います。女性活躍推進の機運の高まりとともに、「結婚や出産」と「仕事（昇進）」の両立がごく当たり前のことになれば、大変喜ばしいことだと思います。

ただ、女性社員のなかには、「結婚はしない」と決めている女性もいますし、既婚であっても「子どもを持たない」もしくは、何らかの事情により「子どもを持てない」女性も大勢います。

「結婚」や「出産」は個人の価値観やプライバシーに関わる、非常にデリケートな問題でもあるのです。「結婚して子どもを持っていても活躍できる」環境整備は必要ですが、その一方で女性活躍推進ができている企業であることをわかりやすくアピールしようと、子どもを持っている人ばかりを管理職に登用するなど「結婚して子どもを持っている人だけが優遇される」ような在り方や進め方にならないように、注意しなければなりません。

女性活躍推進の目的は、「結婚」や「出産」の奨励ではなく、時間的な制約条件があっても、十分にその意欲や能力を発揮できるような環境や制度・仕組みを整え、あらゆる価値観をもった女性達のより一層の活躍を促していくことなのだ、という正しい認識をもって臨む姿勢が大切なのです。

また、「2030」の実現はとても重要なテーマであり、女性の昇進意欲を育てていくことは、日本の成長戦略として欠かせないことではありますが、だからといって、すべての女性に管理職になることをやみくもに強要すると、逆に離職率を高めてしまう可能性もあります。「できるか」「できないか」ではなく、それぞれの価値観や状況に柔軟に対応することで、その人の能力を最大限に発揮させるのが、真の意味での「女性活躍推進」といえるでしょう。

第6章

働き続けたい女性のあなたへ

長く組織で活躍するためのコツとは？

「2030」の実現には、女性の側にも当然それなりの覚悟が必要です。少なくとも「長く働く」ことが前提になりますが、40代、50代になったときに重用されるのは、十分な経験や知識があり、組織の運営に責任を持てる人、会社に成果を残せる人です。そして、まさにそういう人が管理職に昇進していくのです。

つまり、「女性管理職」を目指すためには、将来の自分のありたい姿をイメージしたうえで、**さまざまなチャレンジをして必要な経験を積み、知識研鑽に積極的に取り組むなど、若いうちから長期的なキャリア形成を意識しておく**ことが非常に重要だといえます。

また、ひとつの業務だけに精通しているスペシャリストよりも、多くの業務をひととおり知っているゼネラリストのほうが昇進において有利であるのが、多くの企業では一般的です。女性は、男性に比べると異動の機会が少なく長く同じ部署にとどまる人が多い傾向がありますが、会社によっては、管理職になるためには、「5つの部署異動が必要」「営業部門での経験必須」などといった登用条件が決まっていることもあります。管理職になり得る年齢までに、いくつの部門の経験が必要なのかといった情報は敏感にキャッチして、チャンスを自ら引き寄せる努力を怠らないようにしましょう。

また、長く働く間には、社内外で必要とされる仕事の内容も変化していきます。例えば、ほんの20～30年前までは、タイピストやオペレーターなど入力専門の仕事が、専門性の高い仕事として高い時給を得ることができ、女性にも人気の職業でしたが、1人1台のパソコン支給に伴い、その仕事自体がなくなりました。

果たして、自分が今している仕事が、将来的にも必要とされる仕事なのか、技術の革新と共になくなるのではないか、ということも含めて考えておく必要があります。常に社会で必要とされる人材であるためには、**時代の変化を読み取りながら、学び直したり、資格を取り直したりするなどの、自分を高め続ける努力**も不可欠です。

完璧なロールモデルを求めない

メディアなどでは、管理職の仕事と家事労働を完璧に両立しているような女性が、働く女性のロールモデルとしてクローズアップされることもあります。けれども、現実の職場では、完璧に両立している女性など、じつは大変稀な存在です。だからこそ、メディアにも取り上げられているのです。

女性が管理職になることに躊躇する理由に「ロールモデルがいないから」と答える方が多いのですが、今の日本は女性活躍の過渡期であり、残念ながら、身近でいくら探し求めても、完璧なロールモデルに出会うことは難しいのが実情です。

そこで、**部下育成についてはAさん、立ち居振る舞いについてはBさん、家事労働との両立はCさんというように、それぞれの先輩の良いところをモデルにする**のはどうでしょうか。また、モデルにするのを女性に限る必要はありません。男性でも、昇進している人がどのように社内外で振る舞っているのか、どのように周囲と関わっているのかをよく観察し、参考にしたり、できるところから真似したりしていきましょう。

両立支援の制度を活用しすぎることの落とし穴

大企業を中心に、育児休業の延長を認める制度や、短時間勤務の延長等の制度の拡充など、女性が継続して働き続ける環境を整える会社は確実に増えています。

もし、細く長く続けることをゴールにするならば、制度をフル活用して働き続けることは選択肢のひとつでしょう。ただし、「長く働く」かつ「管理職を目指す」のであれば、**制度を活用しすぎると、キャリア形成においてはかえって不利になる**ケースもあります。

例えば、短時間勤務や、育児介護を理由に休暇を取得することが認められていたとしても、その制度の頻繁な利用が企業によってはマイナス評価につながるケースがあります。また、「家庭優先の人材」というレッテルを貼られてしまうと、管理職候補から永遠に外されてしまうというような企業もあります。仕事と家庭の両立制度が充実しているからといって、安易にその制度にぶら下がっていると、キャリアにとってはマイナスになってしまう可能性もあることを理解しておかなくてはなりません。

また、家庭や育児の期間が長くなるにつれ、仕事への自信や意欲が徐々に喪失するケースもありますし、いったん家庭に入ってしまったことで家庭内での夫婦の分業体制がより強固なものになってしまったという話もよく聞きます。

細くてもいいから長く働き続けたいのか、もしくは、管理職登用されることを目指すのかを考えたうえで、もし管理職を目指すことを選択するのであれば、自分のキャリアにプラスになるような両立支援制度の活用のバランスを見極めることも重要です。

「女性が活躍できる会社」を見極める2つのポイント

「2030」が実現すれば、女性がその力を存分に発揮し、思いきり活躍できる時代がやってきます。女性だからという理由で、キャリアアップをあきらめたり、活躍を制約されていたのは過去の話。これからは女性であっても、やる気さえあれば、大きなチャンスを手に入れることができるのです。

もし今勤めている会社が「女性には重要な仕事が任せてもらえない」「女性だけが

昇進できない」「同じ仕事なのに男女の待遇格差がある」「出産育児をした女性だけが出世しない部署や仕事に集められている」など、女性だからという理由で活躍できない職場ならば、我慢して勤め続ける必要はありません。

なぜなら「2030」の数値目標の期日が5年後に迫った今、自社で育成が間に合わない大企業を中心に、中堅層の女性社員の奪い合いがはじまっていて、**女性の中途採用の市場が非常に活発化している**からです。2030の目標達成に向け、切羽詰まった状態にある企業からは、好条件のオファーが溢れています。能力があり、やる気のある女性にとっては、やりたい仕事が選べ、かつ高待遇で働ける、大きなチャンスがたくさん転がっているといっても過言ではありません。

そんななかから、本当の意味で、「女性であっても思い切り活躍できる会社」はどのような視点で選べばよいのでしょうか？

確認すべきポイントは少なくとも2つあると、私は思っています。

1 トップが女性活躍推進に、本気でコミットしているかどうか

女性活躍推進は、ボトムアップで実現できるほど簡単な道のりではありません。会社のトップが強い意志をもってこのテーマに取り組んでいるかどうかは、非常に重要なチェックポイントとなります。人事担当者だけでなく、会社のトップが「女性活躍推進」についてどのように考えているのかを必ず確認するようにしましょう。

2 女性管理職のロールモデルはどのような女性であるか

すでに管理職に登用されている女性がいるのであれば、その人たちが仕事と家庭を無理なく両立できているのかどうかを確認します。管理職の女性が未婚女性ばかりとか、既婚でも子どもがいない人ばかり、もしくは家事や育児をアウトソースすることでなんとかやりくりしているというような様子が見られるのであれば、たとえ女性管理職率自体は高くても、女性活躍推進のための環境整備という意味では遅れている可能性があります。

ただし、日本企業における女性活躍推進の道のりはまだ始まったばかりですから、十分な環境整備が進んでいる会社はごくわずかという現実はあります。

理想的なロールモデルがいないからダメだと即断するのではなく、自分自身がその会社に入って女性活躍推進の先駆者になるのだという強い気持ちを持つことも同時に必要だともいえるでしょう。

また、これから新卒で入社する会社を選ぶという段階にあるのなら、以下の項目がクリアできているかチェックしておきましょう。ただし、繰り返しますが、この基準は、あくまでも、「女性が管理職を目指せる会社選びのコツ」という視点によるものです。「細く長く働き続けられる会社」とは必ずしも一致しませんので、その点は注意してください。

①総合職に占める女性比率は3割以上である

②「女性らしさ」「容姿」を過剰に求めていない

③入社後の配属先に、男女の隔たりがない

④女性が活躍できる部署が限定的ではない

⑤出産育児を経た女性が管理職に登用されている

女性活躍推進の時流もあり、「にわか女性活躍企業」も増えてきている状況です。本当に女性が活躍できる風土があるのか、女性自身も選ぶ目を持つことが大切です。

女性が活躍できる仕事の選び方

女性は、人事、広報、経理、お客様相談窓口など、スタッフ部門に配属される傾向がありますが、管理職になったときに一度でも現場を知っていることにより「あの人は現場の気持ちがわかる」と頼りにされることも多いのです。

また、**スタッフや現場などの複数の職種におけるキャリアをできるだけ若いうちに築いておいたほうが、妊娠や出産を経て復帰するときに仕事を選ぶ幅が広がります。**

例えば、会社に直接的な利益をもたらす営業職は心身ともにハードだというイメージが強いですが、そのぶん社内でも注目を浴びますし、実績をわかりやすく示すことができます。成果を残していれば、働き方や仕事の進め方についてとやかく言われることも少ないのです。また、上司よりもかえって取引先の方が仕事と家庭の両立を応援してくれたり、気遣ってくれたりなどということだってあるのです。

女性も、今後管理職を目指すことを前提にするのであればなおさら、若いうちから積極的に現場経験を積むことをいとわないようにしましょう。

上司を困らせない部下になる

弊社には、「女性部下を育成する男性上司向けに教育研修してほしい」という依頼が大変多く寄せられます。女性部下の扱い方に悩んでいる男性上司はとても多く、「女性は泣くから叱れない」「女性を怒ると悪口を広められてしまう」と困惑の声をあげているのです。

女性活躍推進が途上にある今、男性上司も悩んでいるということを女性側も理解する必要があります。そもそも昇進するためには、直属の上司の推薦や後押しが必要です。つまり、将来的に管理職を目指すのならば、上司を困らせない部下を目指したほうが正解なのです。

また、男性同様に、叱られる、怒られるといった経験をたくさん積む覚悟を持っていたほうがよいでしょう。叱られることを拒否したり、職場で涙を流したりしているようでは、上司は怒ることに躊躇するようになってしまいます。

家庭でも教育現場でも、怒られるという経験数が男性に比べ圧倒的に少ない女性は、どうしても「打たれ弱い」傾向があります。しかし本当に成長したいと思うならば、上司が叱りやすい、素直でかつタフな部下でいるほうが、いろいろなことを学ぶことができます。管理職を目指すのであれば、叱られることは成長のチャンスであると、前向きにとらえる強さも必要といえるでしょう。

また、倫理的に問題があること以外は、上司の指示命令に従うことが組織のルールです。自分の思い通りに仕事がしたい人は、組織から離れて、自分でビジネスを起こす選択をするほうが得策です。

今の会社でこれからも働き続ける意志があるのであれば、上司や会社の経営方針に

対する、不満や悪口を不用意に口にすることは慎みましょう。会社に対する忠誠心がないように見られてしまうのは、管理職を目指すうえでデメリットでしかありません。不満や異論があるならば、しかるべき機会に堂々と発言しましょう。管理職候補として名乗りをあげるのであれば、それに相応しい言動や立ち居振る舞いをすることを、日頃から意識するべきなのです。

昇進意欲は積極的に表明する

また、昇進の意欲は、折に触れ、自ら上司に伝えるようにしましょう。女性管理職がいない職場では、女性部下が昇進意欲を持っていることを想像すらしていない男性上司も、未だに多いのが現実です。

いくら優秀であっても、待ちの姿勢では、いつまでたっても、管理職候補として推薦してもらうことすらできません。まずは、**自分が管理職候補であることを上司に知ってもらいましょう。**そして、併せて、管理職になるためにはどういう経験やスキルが必要なのか、アドバイスをもらうようにしましょう。

その際、万が一、男性社員と同じように成果をあげているにもかかわらず、「女性に管理職は無理だよ」と言われるようなことがあれば、早めに見切りをつけて、他部門への異動願いを出すか、もしくは、転職も視野にいれる潔さも必要かもしれません。

先述のとおり、女性の中途採用の市場は活発化しています。能力とやる気のある女性にとっては大きなチャンスがたくさん転がっていますから、チャレンジする価値は十分にあると思います。

あとがき

「現代社会における男性と女性の社会的かかわり」について考える

3年E組　荒木レナ

「私は将来、外に出て働きたい！　男の人に負けないくらいに。そして家事だって、夫と2人でやっていきたい！　できれば半々くらいに」……こんなことを言ってしまったら、私は日本人男性と結婚できないのであろうか？

日本においては、男女平等、男女同権が制定されて久しい。しかし、実際のところは、様々な面においての問題点がある。

まず、女性が社会に進出していく際に、最も大きな障害となることは、家庭生活との両立である。日本の男性は一般的に家事に対しての協力が少なく、ほとんど、それは女性の役割になっている。会社人間に徹した男性が、退職後、女性に比べて生き甲斐がないのは、家庭内での自分の役割が見つからないことの表れではないか。

次に問題となるのは、女性自身の意識の欠如である。私の友人は、高校卒業後の進路に短大を志望する理由をこのように言った。

「女なんて、どうせ就職してもすぐに結婚して主婦になるのだから、専門の知識は必要ないよ」……このような考えが常識とされる社会環境にも問題はあるが、女性自身が自己を向上させる努力をしなかったら、社会は変わらないであろう。

私はこう言いたい。

知性や教養を持ち、一人の人間としての誇りと自立心を持っているのならば、女性はもっと社会に進出していって、その能力を最大限に発揮することが当然ではないか、と。

これは、私が高校3年生のときに書いた文章です。あれから24年。私のこの思いは、自分でも驚くほど、まったく変わっていません。ただ、それと同時に、24年もたつのに、女性をとりまく世の中の状況もあまり変わっていないという現実もあります。

けれども、「2030」が改めてクローズアップされたことをきっかけに、大きな変化の兆しが見られるようになりました。「自律した女性が活躍できる社会を作る」という理念を掲げて株式会社CHANCE for ONEを立ち上げてから、今年で3年目になりますが、真の意味での「女性活躍推進」が実現する日が急速に近づきつつあることを、私も肌で感じています。

とはいえ、企業における女性活躍推進はまだまだ過渡期にあり、女性管理職率をあげることが早急に求められてはいるものの、その環境づくりは、戸惑いと混乱のなか、進められているように見受けられます。本書における記述についても、絶対唯一の正解ではありません。しかしながら、現時点においてのひとつの視点として、皆様の企業での実践の場面でお役に立つことができたら、著者としてこれほど嬉しいことはありません。

本書の出版にあたっては、多くの方のご協力をいただきました。特に、企画段階から担当していただいた石塚理恵子さんには、全体構成から文章の書き方まで、根気強く関わっていただきましたこと、心から感謝申し上げます。また、編集に関わってくださった株式会社ディスカヴァー・トゥエンティワンの千葉正幸さん、フリーエディターの熊本りかさんにもお礼を申し上げます。おふたりの存在は大変心強く、絶大な信頼を置かせていただきました。

そして、数ヶ月に渡る長期間のディスカッションや、アイデア出し、情報収集などのサポートをいただいた、弊社役員の菅野潤さん、天野タエさん。おふたりがいなければこの本は実現しませんでした。本当にありがとう！ また、初期段階でお世話になりました成田理沙さん、ありがとうございました。

さらに、私が「女性」と「働く」についてのテーマに足を踏み入れるきっかけを与えてくださった立命館大学の教職員の皆様、特に、名誉教授の坂本和一先生、長きに渡るご支援をいただきありがとうございます。

慣れない執筆作業に悪戦苦闘する私を、励ましながら、そっと見守ってくれた夫にも、心から感謝しています。

そして、18歳のころの私へ。

「〝女性活躍推進〟という言葉そのものがなくなるような社会、生まれながらの条件によることなくチャンスが与えられ、すべての人が活躍できる社会。そんな社会が実現できるよう、私は今も頑張っているよ！」

輝く会社のための
女性活躍推進ハンドブック

発行日　2015年6月20日　第1刷

Author　清水レナ

Book Designer　新井大輔
Illustrator　ジュン・オソン
Publication　株式会社ディスカヴァー・トゥエンティワン
〒102-0093　東京都千代田区平河町2-16-1 平河町森タワー11F
TEL 03-3237-8321（代表）　FAX 03-3237-8323　http://www.d21.co.jp

Publisher　干場弓子
Editor　千葉正幸（編集協力：熊本りか）

Marketing Group
Staff　小田孝文　中澤泰宏　片平美恵子　吉澤道子　井筒浩
小関勝則　千葉潤子　飯田智樹　佐藤昌幸　谷口奈緒美　山中麻吏
西川なつか　古矢薫　伊藤利文　米山健一　原大士　郭迪
松原史与志　蛯原昇　中山大祐　林拓馬　安永智洋　鍋田匠伴
榊原僚　佐竹祐哉　塔下太朗　廣内悠理　安達情未　伊東佑真
梅本翔太　奥田千晶　田中姫菜　橋本莉奈　川島理　倉田華
牧野類　渡辺基志
Assistant Staff　俵敬子　町田加奈子　丸山香織　小林里美　井澤徳子
橋詰悠子　藤井多穂子　藤井かおり　葛目美枝子　竹内恵子　清水有基栄
小松里絵　川井栄子　伊藤由美　伊藤香　阿部薫　常徳すみ
三塚ゆり子　イエン・サムハマ

Operation Group
Staff　松尾幸政　田中亜紀　中村郁子　福永友紀　山﨑あゆみ
杉田彰子

Productive Group
Staff　藤田浩芳　原典宏　林秀樹　三谷祐一　石橋和佳
大山聡子　大竹朝子　堀部直人　井上慎平　松石悠　木下智尋
伍佳妮　張俊崴

Proofreader　鷗来堂
DTP　アーティザンカンパニー株式会社
Printing　凸版印刷株式会社

ISBN978-4-7993-1688-7　